# BIBLIOTHÈQUE CONTEMPORAINE

## EDMOND PLAUCHUT

# LES ARMÉES
# DE LA
# CIVILISATION

LES JAPONAIS A FORMOSE
LES FRANÇAIS AU TONKIN — LES ANGLAIS A LA CÔTE D'OR
LES HOLLANDAIS A SUMATRA
LA TRAITE DES COOLIES CHINOIS A MACAO

## DEUXIÈME ÉDITION

PARIS
CALMANN LÉVY, ÉDITEUR
ANCIENNE MAISON MICHEL LÉVY FRÈRES
RUE AUBER, 3, ET BOULEVARD DES ITALIENS, 15
A LA LIBRAIRIE NOUVELLE

1876

# LES ARMÉES

## DE

# LA CIVILISATION

CALMANN LÉVY, ÉDITEUR

## DU MÊME AUTEUR

Format gr. in-18

LE TOUR DU MONDE EN 80 JOURS . . . . . . . . . . 1 vol.

Poissy. — Typ. S. Lejay et Cie

# LES ARMÉES

## DE LA

# CIVILISATION

LES JAPONAIS A FORMOSE
LES FRANÇAIS AU TONKIN — LES ANGLAIS A LA CÔTE-D'OR
LES HOLLANDAIS A SUMATRA
SUIVI DE LA TRAITE DES COULIES A MACAO

PAR

## EDMOND PLAUCHUT

J'ai seulement fait icy un amas de
fleurs étrangères, n'y ayant fourny du
mien que le filet à les lier.

Montaigne.

### DEUXIÈME ÉDITION

# PARIS

CALMANN LÉVY, ÉDITEUR
ANCIENNE MAISON MICHEL LÉVY FRERES
RUE AUBER, 3, ET BOULEVARD DES ITALIENS, 15
A LA LIBRAIRIE NOUVELLE

—

1876

# PRÉFACE

Ce livre a paru à la fin de l'année dernière avec ce titre : *les Quatre Campagnes militaires de* 1874. Cette inscription, insuffisante à mon avis, avait été choisie entre beaucoup d'autres par mes éditeurs, plus compétents que moi dans l'art de présenter une œuvre au public.

Prévenu qu'une nouvelle édition de mon ouvrage se préparait, j'ai demandé et obtenu qu'on donnât à ce dernier le titre qui lui convient le mieux, c'est-à-dire celui des *Armées de la Civilisation.*

J'ai parcouru une partie des contrées loin-
taines où les Anglais, les Français, les Hollandais et les Japonais ont pénétré en 1874
pour combattre le brigandage et la barbarie,
et j'ai cru être utile à ceux qui s'occupent
de géographie en publiant une description
aussi complète que possible des habitants,
des mœurs, des usages et des productions de
pays encore très-peu connus.

J'ai pensé aussi qu'il ne serait pas sans
intérêt pour mes compatriotes, témoins ou
victimes, lors de la dernière invasion, d'o-
dieuses exactions ou d'abus monstrueux de la
force, de savoir qu'il peut y avoir encore des
campagnes glorieuses et pouvant être en-
treprises avec des visées avouables.

# I

# FORMOSE

## ET

## L'EXPÉDITION JAPONAISE

Les esprits observateurs qui suivent avec un intérêt bien justifié la transformation du Japon et le spectacle de ses luttes intérieures n'ignorent pas que le mikado a tout récemment ordonné l'envoi d'une force armée sur un point de l'île chinoise Taïwan, mieux connue en Europe sous son nom d'origine portugaise, Formose. La presse étrangère de l'extrême Orient, celle qui porte un attachement sincère au Japon, avait espéré que la cour de Yeddo, prêtant l'oreille aux avis de sages conseillers, repousserait comme inopportune l'idée de cette aventure; mais une raison politique et l'ardeur belliqueuse d'un peuple naturellement batailleur ont triomphé de la résistance d'un petit nombre d'hommes prudents. L'attaque sur Formose, c'est-à-dire l'invasion d'un territoire appartenant aux Chinois, est depuis longtemps un fait accompli.

C'est le massacre de quelques pêcheurs japonais, jetés par les hasards de la mer au milieu des peuplades sauvages de l'île Formose, qui a été le prétexte de cette guerre; pourtant est-ce bien le besoin de représailles qui a seul poussé les Japonais à cette périlleuse entreprise? Quelle urgente nécessité y avait-il pour la jeune nation de compromettre, par l'éventualité d'une rupture avec un puissant voisin, le développement pacifique de ses réformes? N'était-ce pas téméraire d'exposer ainsi une flotte nouvelle et chèrement acquise, soit à se briser sur les falaises d'une île sans rade et sans abri, soit à périr au sein d'une mer où les typhons se succèdent avec une effrayante rapidité pendant plusieurs mois de l'année? Qu'est-ce que Formose, cette terre à peu près inexplorée, peuplée dans sa partie méridionale d'aborigènes cruels, sauvages, qui égorgent les naufragés qu'une prompte rançon n'arrache pas à leurs mains? Telles sont les ques-

tions auxquelles nous nous sommes proposé de
répondre ; nous le ferons à l'aide de documents
récemment arrivés en Europe et de notes recueil-
lies pendant le séjour de dix années que nous avons
fait aux environs de l'ile.

I



Formose était encore imparfaitement connue
dans sa partie sud il y a peu d'années, et les
Japonais ont dû se servir évidemment, pour s'y
guider, de la carte et des renseignements rapportés
en Chine par un « général » américain du nom de
Legendre, qui a visité l'île en 1867 et 1873. Sur
nos atlas français, on la trouvera entre 118 et 120
degrés de longitude est, 22 et 25 degrés de latitude nord. Ce territoire fait actuellement partie de
la province chinoise du Fou-kien, dont Amoy est le
chef-lieu. Un sous-gouverneur dépendant de cette
vice-royauté réside à Taïwan-fou, la capitale de

Formose. On peut lire à Macao, dans des manus-
crits portugais rédigés par d'anciens missionnaires,
et conservés intacts aujourd'hui par M. F. da Silva,
que l'île de Taïwan fut découverte par des négociants chinois du Fou-kien en 1480 ; si cette date
est exacte, elle prouverait que les navigateurs de
l'Empire-Céleste ont tardé bien longtemps à s'aventurer loin des côtes. Un fait positif, c'est que les
Portugais y firent leur apparition première en
1534 ; émerveillés de la hauteur des montagnes,
des volcans qui servaient, la nuit, de phares à leurs
vaisseaux, ces grands explorateurs lui donnèrent le
nom de *Formose* (la Belle). Comme dans tant d'autres
riches possessions d'Asie, le Portugal ne put s'y
maintenir ; l'Espagne et la Hollande vinrent l'y
remplacer. La première, après y avoir fondé un
établissement plutôt religieux que commercial, dut
l'abandonner. Ce fut un malheur irréparable pour
l'île splendide, car depuis lors Formose est restée
aux mains des barbares, c'est-à-dire, en premier
lieu, dans celles de divers pirates chinois, puis au
pouvoir du gouvernement de Pékin, ce qui est à
peu près la même chose.

Les mandarins, une fois installés dans Taïwan,
ont fait de grands efforts pour en chasser les véritables indigènes ; s'il n'ont pu les exterminer tous,

ils ont réussi du moins à les refouler au sud, sur le versant oriental, et au plus haut des montagnes de l'île. Sauvages aujourd'hui, les aborigènes de Formose seraient sans doute, sous le gouvernement paternel de l'Espagne, ce que sont de nos jours les Tagales des Philippines, civilisés, excellents cultivateurs, musiciens et bons soldats. Leur affinité avec les intelligents indigènes de l'île Luçon a été de tout temps remarquée par les missionnaires espagnols, et le langage que l'on parle dans l'une et l'autre île offre une grande analogie.

Il y a deux ans, à ce qu'on assure, l'Italie aurait songé à jeter dans cette partie du monde les fondements d'une colonie. L'Allemagne a fait plus il y a trois ans : elle a fait offrir 5 millions de dollars pour l'acquisition entière de l'île. La Chine n'avait pas besoin, heureusement, dans ce moment-là de 25 millions de francs, et l'offre a été rejetée. Les Allemands, maîtres de Taïwan, eussent été des voisins bien incommodes pour les Espagnols, les Anglais et pour nous-mêmes, en raison du voisinage des Philippines, de Hong-kong et de notre colonie de Saïgon, où déjà nous avons l'ennui de les rencontrer trop souvent.

Il est tout à fait impossible de fournir un total, même approximatif, de la population de Formose,

composée au nord de Chinois immigrants et de
Pei-po-hwans, indigènes soumis, — dans les montagnes de Hakkas, descendants des conquérants
asiatiques de l'île, et au sud de tribus sauvages et
errantes. Ces clans méridionaux se sont beaucoup
mélangés avec les Chinois. Plusieurs sauvages ont
même adopté les coutumes chinoises au point de se
raser la tête et de porter la longue queue en cheveux des Cantonais ; mais ils ont conservé la fâ-
cheuse habitude de percer leurs oreilles et d'y
introduire soit un morceau de bois sculpté, soit un
coquillage poli et aux couleurs vives. Rien de plus
désagréable à la vue que ce laid ornement. Les
hommes des tribus féroces des Boutans, des
Couscous, des Kowarts, et quelques autres encore
célèbres par leur cruauté, vont à peu près nus ; il
n'en est pas de même chez les tribus qui, comme
dans le voisinage de la baie de Loong-kiao, entretiennent des rapports fréquents avec les Chinois, les
Hakkas et les Pei-po-hwans. Les indigènes y sont
vêtus d'une jaquette longue brodée et serrée au
corps ; la partie inférieure du vêtement se compose
d'un morceau de drap également orné de brode-
ries, faisant le tour des reins et descendant
jusqu'à la moitié de la cuisse. La tenue des femmes
est particulièrement modeste, combinée de façon à

montrer avec avantage les formes élancées et gracieuses de leur corps. La nature les ayant dotées de chevelures abondantes, on les voit chaque jour arranger leurs cheveux avec beaucoup de coquetterie, non pas, ainsi qu'on pourrait le supposer, à la chinoise, mais de manière à rappeler les plus élégants échafaudages des coiffures européennes. Malheureusement, à Formose, comme dans la Malaisie et la Polynésie, tout le monde, sans exception, mâche le bétel.

Comme chez la plupart des sauvages, les sauvages asiatiques surtout, la vie a ici peu de prix. Les naturels l'exposent tous les jours avec la plus parfaite indifférence dans leurs querelles avec les Hakkas, voisins turbulents et de mauvaise foi, d'une rapacité qui trahit surabondamment leur origine chinoise. Ces indigènes possèdent des forces physiques dont leurs voisins sont dépourvus. Vigoureux, bien formés, l'escalade des montagnes les plus escarpées est un jeu pour eux. Leurs compagnes sont gracieuses, et d'une pureté de formes à faire croire que l'on retrouve en elles la perfection dont la nature a dû doter les premières femmes. Il n'y a dans ces régions éloignées de toute civilisation ni médecins, ni médecines ; aussi les enfants qui naissent grêles et chétifs s'étiolent et meurent ;

ceux qui parviennent à l'âge mûr sont superbes et pleins de vie. Sans les guerres intestines qui les déciment, les centenaires seraient fort communs chez eux ; les Formosiens assez fortunés pour atteindre l'âge de soixante ans combattent et chassent encore comme à la plus belle époque de leur jeunesse.

On comprendra que dans le voisinage de ces tribus guerrières tout le monde marche armé, depuis le laboureur à sa charrue jusqu'au petit berger qui garde son troupeau de buffles. Dès qu'un voyageur isolé inspire aux sauvages quelque soupçon, ils l'attendent au coin d'un carrefour pour lui couper la tête ou le percer d'une flèche tirée à longue distance. Indépendamment de leurs flèches, les sauvages possèdent des épées ou plutôt des sabres aux longues et larges lames ; ils ont aussi de vieux fusils à mèche chinois, dont ils n'usent que dans les embuscades et jamais à découvert. Le climat est très-salubre sur la côte, mais peu sain dans la plaine et sur les plateaux de la chaîne de montagnes qui coupe littéralement Formose en deux, du nord au midi. Le point le plus élevé de cette arête volcanique est le mont Morisson, situé au centre de Formose, et s'élevant à 3,600 mètres environ au-dessus du niveau de la mer. L'île offre, au dire des rares naturalistes qui l'ont visitée, toutes les apparences d'une récente création. Quelques volcans y fument encore ; ce n'est qu'aux approches de la mer que la puzzolane s'est transformée en terre végétale d'un produit excellent et que disparaissent les roches d'éruption. Il y a des dunes nombreuses enveloppant le littoral d'une ceinture dorée, comme aux Maldives. Quand la marée est basse, elles se couvrent d'une multitude de petits crabes à couleur jonquille, dont beaucoup servent de nourriture aux singes, qui en paraissent très-friands.

La faune, comme celle des îles du Japon et des Philippines, ne compte d'autres animaux dangereux pour l'homme que l'alligator et le crocodile. Certains cours d'eau en sont infestés au point qu'on ne peut y passer à dos de cheval ou dans des embarcations légères. Le buffle sauvage, appelé dans le pays *carabao simaron*, le cerf, l'axis au pelage étoilé, des quadrumanes d'une variété infinie, abondent sur les montagnes et dans toutes les parties couvertes d'une végétation sauvage. Cette absence de fauves remarquée également aux îles Philippines, est une nouvelle preuve que Formose ne s'est probablement jamais détachée, à la suite de quelque bouleversement terrestre, du continent asiatique, où

les tigres et autres animaux féroces sont fort nombreux. On y voit quelques chevaux de petite taille,
mais leur importation dans l'île est récente ; ils
viennent de Chine, et ne servent de montures qu'à
des Européens et à d'obèses mandarins de Ta-kow
et de Taïwan-fou. Dans cette partie de l'Océanie,
c'est le buffle qui, patient comme nos bœufs européens, creuse péniblement, à l'époque des pluies
torrentielles, le sillon des rizières fangeuses. Quand
la récolte est par terre, c'est encore lui qui, sous
un soleil ardent, attelé à un chariot grossier, la
transporte avec lenteur, mais avec une persévérance
admirable, dans les fermes presque toujours éloignées des lieux de culture, — et par quelles voies !
au milieu de plaines ouvertes, rocailleuses, ou se-
mées de marécages.

Le bambou, ainsi que sur le continent occidental d'Asie, est très-commun. Dans les rizières formant bouquets, au sommet des montagnes, on voit
se dresser son panache vert, ondoyant et frémissant
à la brise. Quand un typhon éclate, les épais fourrés
où ces arbres se trouvent en grand nombre s'emplissent de voix graves mystérieuses, produites par
le frottement désordonné de leurs tiges creuses et
lisses. Qu'on s'imagine des milliers d'orgues remplies par un vent d'orage, et jetant sous les voûtes

élevées des forêts tropicales leurs voix éoliennes. L'aréquier et le cocotier, moins élégants, sont aussi fort répandus sur le versant des coteaux. Les fruits, parmi lesquels il faut citer l'orange, la banane, la goyave, sont délicieux et laissent à la bouche une saveur pleine de fraîcheur. Pour l'Européen frugal, qui sait se passer de pain et peut le remplacer par du riz étincelant de blancheur, pour celui qui n'a pas besoin de viandes fortes, comme celles du bœuf et du porc, la vie est des plus faciles et d'un bon marché inconnu dans nos régions.

Le côté sérieux de la production actuelle de Formose, c'est la canne à sucre : elle vient fort bien dans le nord, où des Chinois s'adonnent entièrement à cette riche culture. Il y a encore des mines d'or, d'argent et de cuivre très-mal exploitées. On y trouve des huiles minérales à fleur de terre, une houille qui, sans être comme celle de Cardiff, donne néanmoins d'excellents résultats. L'extraction se fait déjà sur une grande échelle, et elle doit forcément augmenter. Un des produits considérables de l'île est l'huile d'arachide ; on en fait de nombreux tourteaux pour bonifier la terre ; c'est par millions de picols que se fabriquent ces utiles engrais.

De Formose ou plutôt de Taïwan-fou, les jonques exportent à Amoy des cornes de cerfs et de buffles,

des peaux, des bois parfumés, des huiles de coco
enfermées dans de lourdes jarres de grès ; mais il
reste des montagnes entières à défricher, des forêts
vierges où la hache n'a jamais pénétré. Qu'on se figure les précieuses essences qu'elles recèlent, et
quelles richesses inconnues elles cachent ! Il en est
ainsi à Hainan et dans beaucoup d'îles de la mer
de Chine, et le moment où tant de trésors seront
connus de l'Europe n'est pas éloigné.

En dépit de la barbarie dont les aborigènes de
Formose sont généralement accusés, une mission
apostolique de dominicains espagnols, des Anglais,
quelques Américains et des Allemands ont osé s'établir sur divers points de l'île, et ils ont ouvert des
comptoirs assez considérables à Taïwan, à Takow
et à Samshui, trois villes importantes du littoral
au point de vue commercial. Ce ne sont, en fait,
que les succursales des maisons étrangères du Fou-
kien, dont les siéges principaux sont à Amoy ; elles
y importent des cotonnades, de la mauvaise bimbeloterie et les produits empoisonnés de Benarès
et de Patna. Si les prédicateurs espagnols y font,
comme sur le continent, peu de prosélytes parmi
les Chinois, par contre les Anglais trouvent partout à vendre des caisses d'opium. Les négociants
chinois ou indigènes résident de préférence à

Taïwan-fou ; une forteresse y protège leur commerce. En échange des sucres, des huiles de coco, de l'arachide, des tourteaux pour engrais, que ces traitants envoient dans le Fou-kien, il reçoivent des poteries, du tripang, des nids d'hirondelle, des plantes pharmaceutiques et une infinité d'autres articles de consommation spécialement chinoise.

Sur une étendue côtière de 400 kilomètres environ, qui est la longueur entière de Formose, à l'est et à l'ouest, les navires ne trouvent aucun port pour s'abriter pendant tout le temps que soufflent avec leur impétuosité ordinaire les vents du sud-ouest. Tout y est ouvert, comme sur le littoral de notre île de la Réunion. Même dans la bonne saison, Taïwan-fou et Takow, les deux seules rades accessibles, n'offrent à des bâtiments qu'une sécurité précaire. Comme à Saint-Denis, quand le baromètre baisse, il est prudent, pour les bâtiments à voiles et à vapeur, de courir tout de suite au large.

Si l'on vient de Chine, et que l'on descende en bateau la partie ouest de Formose, de la pointe du Syanki ou de Samshui jusqu'au Cap-Sud, on découvre, à moins que des brumes trop fréquentes ne l'empêchent, une terre basse, parsemée de villages, de champs de cannes à sucre et de nombreux bouquets de bambous. Avec un ciel bien clair, on distingue au sud la montagne Assi, et par le travers les monts azurés du Soco et du Ung-co. L'approche du mouillage de Taïwan-fou est signalée de très-loin aux navigateurs par un arbre magnifique, d'une hauteur remarquable, un tamarin, croyons-nous; il s'élève majestueux et solitaire au milieu des ruines d'un fort qui a gardé son nom d'origine évidemment hollandaise, *Zélandia*.

Les navires d'un fort tonnage ne peuvent entrer dans le port intérieur de Taïwan-fou. Ce havre nommé Hanping est situé au pied d'une forteresse bien armée aujourd'hui de canons se chargeant par la culasse et de mitrailleuses. C'est de là que les petites jonques sortent pour venir charger et décharger les navires qui se trouvent au grand mouillage, en dehors de la barre, excessivement dangereuse à franchir ; on ne peut la passer qu'à l'aide de ces jonques, appelées ici *catimorons*. Dès que le vent du nord-est fraîchit un peu, il est impossible aux embarcations européennes de s'y exposer. La ville, c'est-à-dire la capitale de Formose, est située à 4 milles dans les terres. Bâtie au centre d'une plaine très-basse, on y arrive en suivant un canal sur lequel se trouvent de longs radeaux en bambou. On peut du reste se rendre encore à pied à la ville en suivant la longue jetée qui sert de digue au canal ; mais avec un mauvais temps c'est une promenade détestable. Comme toutes les villes chinoises, Taïwan-fou n'est remarquable que par sa malpropreté, ses rues étroites et le nombre de ses boutiques ; elle n'est visitée que très-rarement par les brises rafraîchissantes de la mer, et encore ne lui arrivent-elles qu'après avoir traversé une plaine désolée et sans culture. On y étouffe l'été, et les maladies y sont nombreuses.

En quittant ce triste mouillage, on rencontre, après quelques heures de navigation rapide, la baie de Takow, placée au pied du mont Ape. Les Anglais lui ont donné ce nom, qui signifie *guenon*, en raison d'un nombre considérable de grands singes qui ont choisi pour demeure cette montagne pleine d'aspérités rocheuses. Abritée par le mont contre les atteintes du vent du nord, la baie est aussi préservée du côté du large de la mousson du sud-ouest par la presqu'île Saracen ; le port ne peut abriter d'ailleurs que cinq ou six navires, encore faudrait-il qu'ils ne fussent pas d'un trop fort tonnage. La ville s'élève sur une bande de terre placée entre un grand lac et la mer. L'air y est doux, trop doux peut-être aux hommes robustes. Pour les poitrines affectées, pour celles à qui les bords de la Méditerranée conviendraient, rien de meilleur que la température dont on jouit à Takow. L'été, il pleut à peine; de juillet à septembre, lorsqu'à trois ou quatre lieues dans l'intérieur le tonnerre et de fortes ondées tombent à peu près tous les soirs, on y jouit de la fraîcheur de la brise et de la sérénité d'un ciel sans nuages.

Le dernier mouillage à l'ouest, avant de doubler l'extrême pointe du cap sud, est celui de Cheshon ou Loong-kiao, comme on l'appelle indistinctement; il est excellent pour les navires d'un fort tonnage dans les mois où soufflent les vents du nord-est. Au-dessous de la baie de Loong-kiao s'élève une petite ville du même nom, en partie entourée de murailles, et habitée encore aujourd'hui par les descendants de quelques immigrants de Fou-kien. Les aborigènes soumis de la plaine y viennent journellement trafiquer. On y trouve des marchandises étrangères et chinoises, des sabres, des fusils à mèche, et, comme spécimen des produits du pays, des jaquettes et des bourses brodées, de riches ceintures en filigrane d'argent.

Si aux alentours de la ville l'œil découvre des traces de culture, des champs de maïs et de patates douces, ces indices d'un travail régulier de la terre ne tardent pas à disparaître à mesure que l'on approche de la région habitée par les tribus indépendantes. Encore quelques chaumières en bambou, cachées comme des nids dans un épais feuillage de bananiers et d'ibiscus aux fleurs écarlates, puis l'on voit se dérouler des prairies hautes et épaisses, agitées comme une mer d'émeraude par les vents du large. Des hauteurs boisées et giboyeuses dominent ces vertes solitudes ; c'est la région préférée des daims, des cerfs et des êtres farouches qui leur font une guerre continuelle. Sur ces monts, couverts de vieilles forêts, la nature tropicale étale toutes ses splendeurs avec une énergie superbe. Le platane, le pin sombre et sévère, le bambou aux feuilles frêles, s'y disputent avec l'aréquier la domination des sommets les plus altiers. Et quels splendides horizons ! A droite, les eaux du détroit de Formose animé par le passage incessant des navires qui vont dans les ports du continent asiatique ou en reviennent ; à gauche, l'océan Pacifique, ses calmes et ses fureurs, le tout couronné par un ciel tantôt éclatant de lumière, tantôt chargé de ces rapides nuages d'où s'élancent les tempêtes les plus épouvantables que l'on connaisse.

Le nombre des tribus sauvages que les Japonais sont venus combattre s'élève à dix-huit.

Voici leurs noms, ceux de leurs chefs, le chiffre de guerriers dont elles disposent, et le caractère connu de quelques-unes :

| Tribus. | Chefs. | Guerriers. | Caractère. |
|---|---|---|---|
| Boutans, | Avock : | 250 | Courageux et cruel. |
| Sabaria, | Isa : | 220 | Bon. |
| Couscous, | Isunemot : | 190 | Méchant, barbare. |
| Mantits, | Cartoy : | 175 | Bon. |
| Kachival, | Fooriu : | 165 | Pacifique. |
| Pattotmpy, | Abou : | 160 | Inconnu. |
| Pakarot, | Inconnu : | 165 | id. |
| Shoporit, | Inconnu : | 142 | id. |
| Osuanto, | Inconnu : | 130 | id. |
| Ropot, | Mamot : | 120 | id. |
| Chinakia, | Inconnu : | 120 | id. |
| Siauruan, | Pinary : | 114 | id. |
| Bien, | Singio : | 90 | id. |
| Puggékin, | Inconnu : | 86 | id. |
| Turasogh, | Tock-é-Tock : | 74 | Bon. |
| Kanton, | Asam : | 60 | Bon. |
| Teckisha, | Seuvin : | 52 | Méchant. |
| Kowarts, | Pouararin : | 50 | Inconnu. |

Les indigènes du sud de Formose en état de porter les armes ne forment donc pas un total de 2,500, et ceux des tribus que le tableau statistique japonais qualifie de « cruelles, barbares, sauvages. » ou simplement de « méchantes, » dépassent à présent 600. C'est bien peu en somme, et il n'y a qu'un gouvernement aussi débile que celui de la Chine qui soit capable de supporter depuis deux siècles de domination une pareille lèpre.

Les Boutans ont toujours été célèbres entre tous les sauvages par leur courage et leur cruauté. Les marins, sans distinction de nationalité, poussés par un typhon sur le littoral qui appartient à cette tribu, ont été, depuis un temps immémorial, invariablement massacrés ; aussi est-ce contre elle que le Japon a dirigé ses premières attaques. Ce sont les Boutans qui ont aussi, en 1867, égorgé l'équipage d'un navire américain, le *Rover*. Le général Legendre, consul américain de Formose et d'Amoy, se trouvant dans cette dernière localité à l'époque de la perte du *Rover*, se rendit courageusement dans la baie de Loong-kiao, dès qu'il eut appris le drame affreux qui s'était passé dans son voisinage. A force de ruse et de persistance, il parvint à s'aboucher avec un sauvage nommé Tok-è-Tok, le chef de dix-huit tribus. Après beaucoup de pourparlers, il fut convenu qu'à l'avenir les naufragés seraient secourus, moyennant une certaine somme, lorsqu'ils aborderaient, à la suite d'un gros temps, sur la partie la plus dangereuse du littoral, c'est-à-dire de la rivière Tui-la-sok, à l'est, jusqu'à la baie de Loong-kiao, à l'ouest, y compris la pointe du Cap-Sud.

On a lieu de supposer que pendant quelques années Tok-è-Tok tint ses engagements, et qu'il réussit à les faire respecter par les tribus auxquelles il commandait. Ce qu'il y a de positif, c'est qu'en 1871 des Pei-po-hwans, un Malais et un Tagale, jetés par un coup de vent à la côte sud, furent préservés de la mort en vertu de cette convention. Voici comment, grâce également au courage de M. F.-T. Hugues, attaché aujourd'hui aux douanes nationales de Shanghaï, s'accomplit leur sauvetage.

Une jonque affrétée par MM. Millisch et Cⁱᵉ de Samshui s'était avancée vers un point de la côte nord de l'île Formose, dans l'intention de charger des bois de charpente nécessaires à une certaine construction. La mission accomplie, le petit bâtiment revenait à son point de départ, lorsqu'un coup de vent furieux survint qui le jeta au sud ; après avoir perdu son mât, ses voiles et son gréement, la jonque vint s'échouer sur des roches voisines de la rivière Tui-la-sok, et s'y brisa complétement. Une forte lame passant tout à coup sur l'épave enleva un employé de MM. Millisch et dix-sept indigènes, bûcherons et matelots ; le reste de l'équipage, composé d'un Tagale, d'un Malais et de seize Pei-po-hwans, réussit à se sauver en nageant. On ne revit plus les malheureux qui avaient été entraînés par le paquet de mer. Les dix-huit autres naufragés, après avoir marché pendant quelques heures le long du rivage, arrivèrent sur le terri- toire de la tribu dont Tok-é-Tok se trouvait être alors heureusement le chef. Ils y furent reçus avec une indifférence exempte, il est vrai, d'hostilité, mais sans la charité qui était bien due à leur détresse. Presque aussitôt le chef de la tribu, par l'intermédiaire d'un Chinois voisin et ami, fit par- venir la nouvelle du naufrage à M. Pickering, attaché à la maison de commerce Elles et Cⁱᵉ, à Taïwan-fou. M. Pickering était à cette époque déjà connu, paraît-il, de quelques clans indépendants ; c'était lui en effet qui, par sa connaissance du dia- lecte chinois local, avait été très-utile en 1867 au général Legendre, lorsque ce dernier fit avec Tok- é-Tok la convention dont nous avons parlé. Dès que la nouvelle du sinistre parvint à Taïwan-fou, M. Pickering, M. F.-T. Hugues et un autre Euro- péen partirent pour le cap méridional. Le 12 no- vembre, ils quittèrent Takow à bord d'un bateau de pêche non ponté, puis, longeant le rivage ouest de l'île dans la direction du midi, ils arrivèrent le

lendemain à Hong-kiang, village habité par des
Asiatiques rôdeurs et indépendants, entretenant des
relations amicales avec les peuplades farouches des
pays giboyeux. Laissant là leur embarcation, les
voyageurs continuèrent pédestrement leur route,
en suivant la base des montagnes magnifiques qui
bordent la mer jusqu'à la pointe extrême de Formose. Ils atteignirent ainsi Loong-kiao et sa baie,
puis Hia-liao, nom d'un hameau pittoresque placé
au bord de l'Océan. C'est le dernier village chinois
que l'on rencontre au sud dans cette direction.
A Hia-liao, comme dans toutes les localités où ils
durent s'arrêter, l'accueil fait aux Européens fut
poli et cordial. Leur hôte, un Chinois, étant un
vieil ami de Tok-è-Tok, offrit obligeamment son
propre fils pour guide. En route dès le lever
du soleil, M. Hugues, ses compagnons et leur con-
ducteur, après avoir traversé une contrée inhabitée
et cependant admirable de végétation, eurent la
joie d'arriver le soir même dans la vallée au centre
de laquelle s'élevait la résidence de Tok-è-Tok. Il
était absent, mais ses femmes reçurent fort bien
les voyageurs, qui, avant de prendre aucun repos,
voulurent voir les naufragés. On les avait enfermés
dans une hutte voisine ; depuis quinze jours, ces
malheureux y attendaient leur sort. Qu'on juge de

leur délire, de leur ivresse en voyant des mains blanches, européennes, saisir les leurs avec une rude cordialité ! Ils les couvrirent de baisers et de larmes.

Encore tout émus de cette scène, les sauveteurs revenaient paisiblement à la maison du chef, lorsque sur leur route se présentèrent deux ou trois sauvages à peu près nus de la tribu féroce des Boutans. A la vue inattendue des étrangers, l'un d'eux, l'écume à la bouche, roulant des yeux menaçants, se mit à tirer son épée du fourreau, puis à danser une sorte de danse guerrière autour de M. Hugues. Les Anglais ne purent dans ce moment critique s'empêcher de songer combien leurs têtes étaient pour des sauvages un trophée recherché et précieux. Ce ne fut pas sans un grand soulagement qu'ils virent accourir une jeune femme, — celle sans doute du féroce danseur, — s'interposer avec vivacité et désarmer le mécréant. C'est là le seul danger auquel les voyageurs aient été exposés pendant toute la durée de leur séjour dans ces régions ; le lendemain, le Boutan qui leur avait causé une si belle peur vint se présenter devant eux doux et humble, manifestant par sa tenue réservée une sorte de repentir de ce qui s'était passé la veille.

La résidence de Tok-è-Tok, où les Anglais durent s'installer, se composait d'un rez-de-chaussée, élevé au centre de quelques pieds plus haut que le reste de la façade. Les murailles étaient faites avec une sorte de torchis imitant la forme de nos briques ; nulle trace de plancher, mais un sol sec et foulé ; cinq ou six chambres séparées par de légères cloisons en bambous et reliées avec du mortier. Une galerie permanente formant vérandah faisait le tour de l'habitation ; point de plafonds, le dessous des toits formé d'herbes desséchées et de rotins artistement tressés. On ne voyait d'ailleurs, dans ce palais d'un chef commandant à dix-huit tribus, aucun indice de souveraineté. Pour tout ornement, quelques crânes desséchés d'animaux sauvages, remarquables par leur grandeur inusitée. Le dîner qui fut servi aux voyageurs quelques heures après leur arrivée se composa principalement de venaison, de porc frais et d'un riz d'une blancheur à faire aisément oublier l'absence du pain. L'eau à boire était excellente, limpide comme du cristal de roche : aussi fut-elle préférée à une sorte de *samshou*, liqueur distillée de la patate douce, qui se trouvait sur la table. A chaque plat que les femmes du chef venaient offrir à leurs hôtes, on les entendait s'excuser sur l'insuffisance de leur préparation et sur la pauvreté du service. Lorsque les curieux des huttes voisines, avides de voir de près des Européens, eurent envahi la salle à manger de manière à devenir indiscrets, un seul geste d'une des femmes suffit pour les faire déguerpir. En fait, si nos voyageurs éprouvèrent quelque gêne, ce fut par l'excès des attentions de toute sorte dont ils furent l'objet. Cette exquise politesse, ce respect de l'hôte étranger, sont les mêmes chez les indigènes des îles Philippines, et pour moi, qui me suis trouvé souvent contraint d'accepter l'aimable l'hospitalité des Tagales, j'y vois une preuve de plus en faveur de l'affinité des deux familles insulaires.

Le lendemain, au lever de l'aurore, les Anglais étaient encore profondément endormis lorsqu'ils furent éveillés en sursaut par l'entrée bruyante dans leur chambre d'un grand vieillard aux cheveux blancs, aux formes athlétiques, escorté de quelques sauvages armés de lances et d'épées. C'était Tok-è-Tok. Devinant déjà ce qui motivait la présence dans sa demeure de tant d'étrangers, il les invita à venir s'asseoir en plein air sur des bancs. Un conseil y fut tenu ; au milieu des pourparlers, une femme âgée survint en psalmodiant une sorte d'invocation aux génies de la concorde, et offrit à tous les assistants une coupe de *samshou*. Il fut convenu que les naufragés seraient autorisés

à partir dès que M. Pickering aurait envoyé de
Takow une somme représentant la dépense qui
avait été faite pour leur entretien par la tribu. On
ne pouvait espérer des prétentions plus modestes;
aussi furent-elles acceptées sans débats. Lorsque,
vers les neuf heures du matin, M. Pickering et ses
compagnons manifestèrent le désir de se remettre
en route, Tok-è-Tok et avec lui ses intimes s'y
opposèrent formellement, voulant, disaient-ils,
offrir un grand festin aux blancs. Refuser eût été
très-dangereux, et l'on s'empressa d'accepter,
malgré de secrètes appréhensions. Rien n'est plus
mobile en effet que le caractère de ces indigènes
méfiants et impressionnables comme des enfants.
Nos voyageurs savaient fort bien que, pour transformer sur l'heure en brutes féroces ceux qui les
recevaient avec tant de douceur, il suffisait de
quelques verres d'eau-de-vie.

Quand Tok-è-Tok eut fait savoir à la tribu que
son invitation était acceptée, une centaine de chas-
seurs armés d'arcs et de flèches s'élancèrent en
poussant de grands cris gutturaux vers les coteaux
voisins. Ils en revinrent deux heures après avec
une assez grande quantité de cerfs, de chevreuils
et de sangliers, qui, rapidement dépouillés, rôtis
devant de grands brasiers, furent ensuite servis

avec beaucoup de propreté sur des feuilles de bananier fraîchement coupées. Mais, ô déception ! comment les voyageurs pouvaient-ils se croire au milieu de sauvages, lorsqu'une des servantes vint placer devant eux un couvert complet, assiette, cuiller et fourchette ? Comme la veille, des excuses furent présentées sur l'insuffisance des mets et la pauvreté de la table. M. Hugues ayant manifesté le désir d'assister avant son départ à quelques divertissements de la tribu, deux sauvages se mirent à exécuter une sorte de danse guerrière, imitation aussi parfaite que possible du combat de deux coqs ; des femmes chantèrent ensuite quelques airs dans un ton mineur et sur un rhythme lent, monotone, mais nullement exempt de mélodie.

Il fallait pourtant songer au départ, et ce ne fut pas sans une certaine inquiétude que les voyageurs, après s'être consultés du regard, se levèrent de table pour prendre congé de leurs hôtes. Cette fois personne ne parut songer à les retenir ; ayant obtenu la liberté immédiate du Tagale naufragé, ils partirent avec lui, accompagnés jusqu'à la limite du territoire de la tribu par le robuste Tok-è-Tok et quelques-uns de ses conseillers. Au moment de se séparer pour toujours, un cri sauvage d'adieu poussé par ces derniers réveilla les échos des mon-

tagnes ; les Anglais y répondirent, puis le silence
des solitudes reprit de nouveau son empire sur les
monts et la vallée. — Un mois après, les dix-sept
naufragés de la jonque de Samshui arrivaient tout
joyeux à Takow, ayant payé leurs rachats à Tok-
è-Tok par les soins de M. Hugues. Interrogés sur
la manière dont ils avaient été traités par les sauvages du sud, les Pei-po-hwans répondirent qu'ils
n'avaient eu à supporter de leur part aucun mauvais traitement.

Comment la convention passée entre le général
Legendre et le chef des dix-huit tribus a-t-elle été
rompue ? On l'ignore complétement ; mais il est certain que dans le courant de ces dernières années
plusieurs pêcheurs japonais ont été impitoyable-
ment massacrés sans qu'aucune proposition de
rachat ait été faite par les tribus entre les mains
desquelles se trouvaient ces malheureux. L'année
dernière, cinquante-deux indigènes de l'archipel
des Lao-chou, archipel appartenant au Japon,
périssaient au sud de Formose d'une façon aussi
tragique. Ce n'est donc pas sans de justes griefs
qu'a été entreprise l'expédition des Japonais contre
Formose, et cependant elle serait peut-être encore
à l'état de projet sans les circonstances que nous
allons relater.

2.

Lorsque l'année dernière, pour la première fois, les représentants des puissances étrangères européennes à Pékin eurent l'honneur si laborieusement conquis d'être admis en présence de sa majesté l'empereur Tung-chich, on remarqua qu'un envoyé de l'empire du Japon, son excellence Soyejima, sollicita et obtint une faveur semblable. Chargé d'interpréter devant les conseillers de l'empereur céleste l'irritation qui régnait dans son pays par suite de massacres, au sud de l'île Formose, de sujets japonais, l'ambassadeur réclama une énergique répression des coupables. Son langage fut ferme

et digne, presque menaçant sous son apparente
humilité ; mais il ne fut pas question en ce moment-
là de guerre, d'une attaque à main armée sur Formose, et si la pensée d'une pareille agression traversa l'esprit de Tung-chich ou de ses ministres,
ces orgueilleux personnages durent la rejeter bien
loin, personne à Pékin ne croyant le Japon assez
téméraire pour l'exécuter. Depuis que de la menace
le mikado a passé à l'action, on s'est tout à coup
souvenu que Soyejima s'était fait accompagner dans
son ambassade par le général Legendre, fort connu
de tous les Européens qui résident sur le continent
chinois. Ce personnage, ancien consul des États-
Unis à Amoy juste au moment où le Japon mûrissait
l'idée d'une mission en Chine, fut chargé par son
gouvernement d'une exploration toute scientifique,
du moins en apparence, dans cette même île de
Formose, qu'il connaissait depuis longtemps.
Ajoutons que le général Legendre avait été présenté
au ministre des affaires étrangères du Japon par
M. De Long, ministre de la république américaine
à Yeddo.

Nous ne voulons incriminer en rien les projets que
durent former, d'un côté un diplomate de l'école
américaine, de l'autre un général attaché à un
consulat comme celui d'Amoy. Le premier dut être

tenté de jouer un rôle influent auprès du mikado
dans une affaire où le gouvernement qu'il représen-
tait n'avait à encourir aucune responsabilité : le
second devait naturellement ambitionner, si la
question se terminait par des coups de canon,
d'occuper dans l'armée japonaise une position militaire de premier ordre. Il n'est pas inutile de
constater en passant l'influence qu'exercèrent deux
étrangers sur le mikado et ses ministres pendant
que s'agitait dans leur esprit la question d'une rupture possible avec le Céleste-Empire. Quoi qu'il en
soit, son excellence Soyejima eut donc pour compagnon de voyage, dans sa mission à Pékin, le général américain, et c'est indubitablement M. Legendre
qui sut inspirer à l'ambassadeur japonais le langage quelque peu hautain qui y fut tenu. Le gouvernement chinois ayant déclaré avec son laconisme
habituel, par la bouche du prince Kung, qu'il n'a-
vait point assez d'autorité au sud de Formose pour
atteindre et punir ceux dont on réclamait le châtiment, Soyejima, fort irrité, revint à Yeddo en automne dernier. Le général Legendre l'y suivit, ne
quitta pas la capitale de tout l'hiver, et nous savons
qu'il y fit tout son possible pour que les menaces
proférées à Pékin ne restassent pas lettre morte.
La partie du territoire de l'île Formose qu'il fallait

aborder pour y jeter des troupes, et où se tiennent
les tribus des barbares indigènes, étant accessible
de février à mai seulement, il était en effet urgent,
si on voulait commencer les hostilités au printemps,
de prendre au plus vite une attitude résolue.

L'année 1874 commençait à peine, lorsque des
symptômes d'un futur soulèvement dans divers *ken*
ou clans de l'intérieur furent signalés à Yeddo.
Indice certain d'une prochaine révolution dans les
provinces, 400 ou 500 agents de police quittèrent,
sans bruit et déguisés, la capitale, pour aller se
mettre, en leur qualité de vassaux fidèles, à la disposition des chefs ou seigneurs des clans révoltés.
Le péril était grand, et on sentit à Yeddo la nécessité de le conjurer sans retard. Le ministre des
affaires étrangères au Japon, son excellence Okoubo,
plusieurs grands fonctionnaires du ministère de la
justice, furent en toute hâte envoyés dans l'ouest
de l'empire afin de comprimer, à l'aide d'un corps
de troupes régulières, le mouvement insurrection-
nel. Avant leur arrivée, les *samouraï* ou chefs des
*ken* de Hizen et de Saga s'étaient déjà tumultueuse-
ment levés aux cris de « Guerre à la Corée, réta-
blissement de la féodalité, mort aux *Io-i* (aux étrangers) ! » Les rebelles, au nombre de 2,500, avaient
incendié le château de Saga, puis attaqué et mis en

déroute dans un premier engagement les troupes
impériales qui y tenaient garnison. A Yeddo, l'un
des plus hauts fonctionnaires de l'empire avait été
traîtreusement assailli et blessé grièvement par une
bande de conspirateurs masqués.

Malgré la défection d'un grand nombre d'officiers et de soldats attachés par les liens du sol et
de la parenté aux rebelles des provinces soulevées,
l'insurrection dut mettre bas les armes, écrasée
sous des forces régulières bien conduites par
Okoubo. La révolte, qui selon toute probabilité
devait s'étendre dans le Tosa, à Kagosima, se pro-
pager dans le clan orgueilleux et remuant des
Satsuma, fut heureusement localisée au centre de
Saga, une des provinces du Kinsin. C'est dans le
chef-lieu de ce *ken*, sur la place même où avaient
éclaté les premiers cris révolutionnaires, que quelques mois après tombait sans bruit, sans éclat, la
tête du chef des rebelles. Jamais, par un soudain
revirement des esprits, exécution capitale n'excita
moins d'intérêt dans un pays la veille encore soulevé. Hâtons-nous de dire que ce qui contribua le
plus à pacifier les dispositions hostiles des provinces,
c'est la bonne nouvelle répandue habilement par
tout l'empire qu'une partie de l'armée japonaise
allait être envoyée par mer à Formose, afin d'y pro-

céder à la destruction des sauvages aborigènes.
Les *samouraï* belliqueux du Tosa et les fidèles vassaux des Satsuma ne demandaient pas autre chose.
L'insurrection se trouvait subitement vaincue,
mais, comme on le remarquera, par la promesse en
quelque sorte forcée d'une guerre à l'extérieur. Le
palliatif n'était-il pas très-dangereux, pire en réalité que le mal ? Les faits ont tourné d'une façon
favorable au Japon. La levée des *samouraï* de Hizen
et de Saga fut pourtant un crime de lèse-nation,
puisqu'elle allait placer le pays dans une situation
grosse de périls. Quand se produit-elle en effet ?
A l'heure suprême, critique, où le mikado vient de
présenter à son peuple un programme de réformes
comme jamais aucun souverain n'a osé en proposer
à des sujets d'une fidélité douteuse. Ce ne sont pas
seulement des coutumes séculaires que l'empereur
est en voie de déraciner, il n'a pas seulement une
féodalité puissante à contenir et à briser ; c'est la
liberté des cultes qu'il ose proclamer en même
temps que l'appel en masse de la nation à la vie
politique, c'est la jeunesse japonaise allant par son
ordre étudier dans toutes les capitales du monde
les meilleurs systèmes d'éducation connus pour les
appliquer dès son retour au Japon ; c'est enfin la
barbarie des anciennes lois pénales que cet infati-

gable réformateur désire faire disparaître pour donner place à une pénalité régénératrice des criminels. Et, au moment où en regard de ces réformes morales se posent les réformes matérielles, c'est-à-dire l'ouverture des voies ferrées, la pose des fils électriques, une flotte à transformer, des arsenaux à faire sortir du sol, on voit quelques chefs à l'humeur chagrine mettre leur souverain dans l'alternative d'une guerre civile ou d'une guerre extérieure ! Les plus politiques de ces fiers hobereaux n'ignoraient sans doute pas que, pour couper court à des réformes gênantes, troubler un pays, épuiser un trésor, une seule équipée guerrière parfois suffisait. S'il survenait des revers, et si le Japon se trouvait humilié, la déchéance du mikado pourrait bien n'en être pas la conséquence absolue, du moins il serait permis aux chefs des *ken* de faire à la suite du désastre un pas en arrière, et d'espérer un retour prochain vers cette féodalité ardemment regrettée.

Dès que la déclaration d'une descente à main armée sur le littoral de Formose fut officielle, les commandants des navires de guerre japonais se mirent, avec l'ardeur qui les caractérise, à embarquer des troupes, des coolies chinois engagés comme portefaix, des projectiles d'imitation européenne, enfin un énorme matériel de campement.

Des bateaux à vapeur furent achetés, d'autres affré-
tés, et plusieurs personnages étrangers, artilleurs,
marins, pilotes, mécaniciens, reçurent l'invitation
de suivre à divers titres le corps expéditionnaire.
Pendant cette période de préparatifs belliqueux,
les représentants des puissances étrangères à
Yeddo, les uns avec empressement, d'autres avec
une sage lenteur, défendirent à leurs nationaux soit
de louer des transports au gouvernement japonais,
soit de prêter une assistance personnelle aux projets en formation. Ce qui est surprenant, après
l'ingérence bien connue du général Legendre dans
toute cette affaire, c'est que de Pékin, sa résidence,
le ministre des États-Unis adressa la même prohi-
bition aux consuls d'Amoy, de Shanghaï et de
Hong-kong, avec injonction sévère de l'étendre aux
citoyens américains placés sous la protection du
pavillon étoilé. Un navire fut même envoyé par
l'énergique ministre à Formose, afin d'offrir un
passage gratuit à ceux de ses administrés qui voudraient, dans la crainte d'être compromis, fuir le
lieu de l'action. Inutile de dire que le bâtiment
revint à vide. Pour toutes les personnes au courant
de l'esprit de spéculation qui domine chez l'étranger
dans l'extrême Orient, ces défenses de traiter avec
une nation amie ou ennemie paraîtront en vérité

bien naïves. La cour de Pékin, pour la forme, a pu
remercier le ministre américain de ses bonnes dispositions, mais ses ministres ont le sens politique
trop fin pour ne pas les avoir appréciées à leur
juste valeur. Elle ne peut non plus avoir oublié
qu'en dépit d'une défense formelle du gouvernement
anglais, jamais les marchands de Hong-kong ne
vendirent plus d'armes et de munitions de guerre
aux Chinois qu'en 1860, époque à laquelle l'Angleterre était en lutte ouverte avec la Chine. Le
gouverneur de la colonie anglaise, avec raison
indigné de ces tristes marchés, défendit bien l'entrée de Hong-kong aux canons provenant directement des ports anglais; mais les négociants firent
alors venir des armes par navires espagnols, en
transit par Manille, et de cette façon la prohibi-
tion fut éludée.

C'est au commencement du mois de mai de 1874
que l'escadre japonaise, commandée par des marins européens, partit du port de Nagasaki pour
Formose. Elle se composait de trois grands bateaux
à vapeur, d'une canonnière et d'une goëlette de
guerre. L'armée d'invasion, au nombre de ?
hommes, y fut en partie embarquée. Le général en
chef, Saïgo-Toto-Kou, ne prit la mer à bord du
*Delta* qu'après le départ du dernier soldat. Il se fit

accompagner du *Shaftesbury*, transport affrété spécialement pour donner passage jusqu'à Formose à un grand nombre d'artisans indigènes, charpentiers et forgerons, chargés de construire les baraquements.

Après deux journées de navigation prudente de Nagasaki à Amoy, et de ce port chinois à la pointe sud-ouest de Formose, les troupes débarquèrent dans la petite baie en forme de croissant, bordée de sable, et portant indistinctement les noms de Cheshon ou de Loong-kiao. De là, elles gagnèrent, sans être inquiétées par l'ennemi, les hauteurs voisines et s'y installèrent d'une façon toute provisoire. C'était un spectacle pittoresque que celui de cette petite troupe d'hommes dressant ses tentes bariolées, allumant ses feux, aiguisant ses sabres aux lames brillantes et se préparant au combat avec un entrain fort semblable à celui des troupes françaises en pareille occasion. Il n'y a rien d'étonnant à cela ; le caractère du soldat japonais est aussi enjoué que décidé ; puis la troupe a gardé encore auprès d'elle, en qualité d'instructeurs militaires, bon nombre d'officiers jeunes et entreprenants, nos compatriotes.

C'est le 22 mai, à la suite de plusieurs petites reconnaissances fatales à des espions de l'armée d'invasion, qu'eut lieu un premier engagement avec les sauvages. Le général en chef japonais Saïgo, après avoir fait avancer son camp jusque dans la vallée de Shiyou, territoire des Boutans, dirigea une colonne volante de 200 hommes sur trois de leurs villages. A midi, les misérables habitations ennemies étaient occupées, puis livrées aux flammes. Enthousiasmés de ce coup d'essai, les soldats suivirent un ravin desséché et s'avancèrent jusqu'à Sekimon, forte position où l'ennemi s'était massé. Dès que les deux partis furent en présence, une lutte furieuse s'engagea. Les Japonais, combattant à découvert, montrèrent une bravoure peut-être un peu trop téméraire. Le combat dura deux heures. Les Boutans, contraints de se retirer, laissèrent entre les mains des vainqueurs douze morts; leurs têtes furent détachées et transportées triomphalement au camp. Après qu'on les eut données en spectacle à l'armée pendant quelques minutes, le général Saïgo ordonna l'enfouissement de ces sanglants trophées. Les Japonais eurent de leur côté quatorze tués et blessés, perte minime, si l'on considère la force de la position occupée par l'ennemi et la bravoure presque enfantine avec laquelle on l'aborda. Plusieurs des cadavres abandonnés portaient à leur doigt des bagues d'argent, insigne d'un haut commandement dans les tribus. On sut plus tard que le chef du clan des Boutans et son fils avaient péri, et qu'indépendamment des douze morts laissés sur le lieu de l'action, les barbares avaient eu encore trente tués ou blessés.

Cet engagement heureux eut pour résultat immédiat de faire affluer au camp bon nombre d'indigènes des villages voisins; afin de s'attirer l'amitié et la protection des envahisseurs, ces Formosiens prudents leur apportèrent du poisson de mer et de l'eau-de-vie de patate douce, recherchée des soldats. Le 28, six chefs de tribus vinrent également offrir leur soumission; ils l'accompagnèrent de présents en volailles et en bestiaux. On leur promit de ne pas les inquiéter, s'ils refusaient un asile aux Boutans en déroute, condition qu'ils se hâtèrent d'accepter; un mois après cette escarmouche, la situation dans le sud de Formose était des plus satisfaisantes pour les Japonais. Poursuivant leur marche en avant, ils avaient occupé Honk-kiang et Hialao, villages habités par des Chinois à peu près cosmopolites. La pêche et le bois à brûler, dont de gros chargements descendent vers l'intérieur sur des charrettes à buffles, semblent être le principal commerce de ces Asiatiques, qui vivent aussi indépendants du gouvernement chinois que leurs redoutables voisins. Les nerfs et les cornes de cerfs sont également exportés par eux dans une certaine proportion, et le riz qu'ils cultivent a la réputation d'avoir le grain plus blanc et plus beau que celui récolté dans les autres parties de l'île. Craignant que les sauvages ne vinssent se réfugier chez eux, ces Chinois ont offert aux Japonais de leur fournir des vivres en échange d'une protection efficace. Ces derniers ont donc eu à Honk-kiang et à Hialao une petite garnison ; malheureusement, un soldat ayant dans les derniers temps violenté une femme mariée, et aucune punition n'ayant été infligée à l'agresseur, une grande réserve a régné depuis entre la troupe et les habitants. Ce fut fâcheux pour les Japonais, et ils eurent à le regretter plus d'une fois, car depuis lors on remarqua dans les marchés du village l'absence des principaux détenteurs des denrées indigènes.

Le 1er juillet, trois colonnes, fortes chacune de 500 hommes, marchèrent dans des directions différentes à la conquête des dernières positions occupées par les Boutans. Ceux-ci, retranchés dans de petites huttes en feuillages, reçurent les Japonais par un feu assez vif de leurs fusils à mèche ; mais la *furia* des assaillants ne put être arrêtée un seul instant par ces mauvaises armes.

Consterné, démoralisé, l'ennemi prit enfin la fuite, et cette fois pour ne plus reparaître. Aujourd'hui encore il est difficile de savoir ce qu'il est devenu. Deux alternatives restaient à ces misérables : gagner le centre de l'île et ses montagnes, ou périr égorgés par les tribus au milieu desquelles il leur fallait passer pour atteindre les hauteurs. Si la route est restée libre pour eux, personne n'est plus en mesure de les atteindre. Les montagnes du sud, celles qui entourent Loong-kiao, sont élevées, il est vrai, mais néanmoins d'un accès facile, tandis que celles du nord sont d'une altitude à les rendre presque inabordables pour une armée.

Après cette victoire, qui rendait le corps expéditionnaire maître non-seulement de la pointe Sud de Formose, mais encore des environs, à l'Est comme à l'Ouest, les tribus indépendantes, moins deux, vinrent au camp faire leur soumission. Rangés en cercle au milieu de l'armée japonaise, en présence d'officiers revêtus de brillants uniformes, les seize principaux chefs des sauvages reçurent en cadeau et comme un gage de paix des drapeaux de différentes couleurs. On versa aux nouveaux alliés de grandes rasades de vin de Champagne; l'émotion produite par la douce liqueur fut telle qu'on les vit fondre en larmes et protester de leur haine pour leurs camarades vaincus ou absents et de leur amitié profonde pour les vainqueurs.

Lorsqu'à cette époque les Japonais firent la visite de leur hôpital militaire, ils comptèrent 90 lits occupés : 8 l'étaient par des fiévreux, 82 par des soldats frappés de coups de feu. Le nombre des hommes tués à l'ennemi est resté inconnu, mais il a dû être bien inférieur à celui des blessés. On peut en conclure que le châtiment terrible infligé aux Boutans a été obtenu en somme sans une trop grande effusion de sang.

Jusqu'ici nous n'avons point parlé de l'effet produit en Chine par la nouvelle de l'attaque d'une de ses colonies ; nous avons en cela imité le gouvernement chinois, lequel, frappé de stupeur, n'a donné aucun signe de vie pendant tout le cours des opérations militaires des Japonais. Cependant, lorsque le bruit lointain de la soumission complète des tribus barbares parvint à Pékin, le *taotaï* ou gouverneur de l'île Formose fit afficher quelque temps après dans Taïwânfou, la capitale, une proclamation dont voici le résumé : « Les Japonais sont venus dans cette contrée pour punir les Boutans, coupables du meurtre de certains indigènes des îles Lao-chou. Ils en ont tiré vengeance ; mais,

comme l'armée d'invasion ne semble pas se disposer à quitter le pays, l'empereur de Chine vient de
m'aviser qu'il envoyait à Formose deux hauts fonctionnaires chargés d'ordonner aux Japonais de
rentrer chez eux. Les Boutans étaient certainement
coupables ; cependant leur punition regardait la
Chine et non le Japon. Les hauts-commissaires de
l'empereur sont partis pour Loong-kiao. En attendant le résultat de l'entrevue des envoyés impériaux
avec le général Saïgo, ordre est donné aux tribus
de déposer les armes et de retourner à leurs travaux habituels. Le gouverneur veillera à ce que
personne n'ose lui désobéir. »

Cette proclamation a été d'un considérable intérêt, car pour la première fois elle fit connaître l'o-
pinion de la Chine sur cette délicate question de
Formose. La politique que la Cour de Pékin sembla
vouloir suivre est bien celle qu'on lui supposait :
nier au Japon le droit d'intervenir dans les affaires
d'une colonie chinoise, mais sans mettre aucune
précipitation à le déclarer, afin d'éviter une guerre.
En fait, les Chinois n'ont pas vu avec un trop grand
déplaisir les Japonais venir à Formose assouvir
leurs haines contre les meurtriers de leurs compatriotes ; mais ils n'ont nullement entendu les y laisser s'établir. La lutte entre les deux nations n'eût

éclaté que si le Japon eût manifesté clairement la résolution de rester maître du territoire conquis ; ce qu'il y a d'extraordinaire en tout ceci, c'est que le général Saïgo, parfaitement installé à Loong-kiao, s'est bien gardé d'indiquer les intentions définitives de son gouvernement.

Inutile de dire que la démarche des hauts-commissaires chinois auprès du général ne produisit aucun heureux résultat.

C'est à Pékin que l'accord s'est fait, entre les deux Empires, à la suite d'interminables entrevues, grâce à la patience inaltérable de l'ambassadeur japonais Okoubo, et à l'intervention heureuse du ministre résident anglais, M. Wade.

Le 31 octobre 1874, l'empereur de Chine a fini par reconnaître solennellement le droit qu'a eu le Mikado de venger sur des sauvages le massacre de ses sujets, et ce dernier, de son côté, n'a pas nié la souveraineté de la Chine sur l'île de Formose.

Voici, du reste, l'arrangement officiel de la question, tel qu'il a été publié dans la *Gazette de Pékin*. La rédaction n'en est pas chinoise, et c'est à l'ambassade anglaise que les termes ont dû en être discutés.

« *ACTE contenant les différentes propositions arrêtées*

*entre les parties contractantes et les termes auxquels
les deux nations s'engagent à les exécuter.*

« Les sujets d'un gouvernement ont droit à sa
protection, et cette protection n'est réelle que si
les gouvernements sont en mesure d'agir dès qu'une
injure est dénoncée.

» Certains sujets japonais ayant été massacrés
odieusement par les sauvages incorrigibles de l'île
Formose, et le gouvernement de Yédo, considérant
ces sauvages comme responsables, a dirigé contre
eux des forces pour en tirer vengeance.

» Une convention a été faite actuellement entre
la Chine et le Japon, afin que le corps expéditionnaire
japonais soit retiré de Formose et que de nouvelles
mesures soient prises par les Chinois pour garantir
dans ces parages la vie des voyageurs.

» Cet engagement se résume dans les trois articles suivants :

» 1. Le gouvernement du Japon n'ayant agi
que dans l'intention charitable de protéger ses nationaux, le gouvernement chinois ne fera aucune
plainte à l'occasion du débarquement d'un corps
d'armée étranger sur son territoire.

» 2. Le gouvernement chinois donnera une certaine somme d'argent à titre d'indemnité aux fa-

milles des naufragés japonais massacrés à Formose.
Quant aux constructions élevées par les Japonais,
sur certains points de l'île, le gouvernement chinois
les occupera et en payera la valeur. Les détails de
ce dernier arrangement seront l'objet d'un article
additionnel.

» 3. Toutes les correspondances motivées par
cette question de Formose seront anéanties, et les
discussions à ce sujet closes pour jamais. Il sera
du devoir du gouvernement chinois de prendre des
mesures énergiques contre les tribus sauvages, afin
qu'à l'avenir de nouvelles atrocités ne soient pas
commises le long des côtes.

» ENGAGEMENT ayant rapport au précédent<br>compromis.

» Dans la question relative aux sauvages de Formose, par décision arbitrale de M. Wade, le ministre d'Angleterre à Pékin, un engagement a été
conclu entre le gouvernement chinois et le gouvernement du Japon.

» Par suite de cette convention, la Chine consent
à payer en une seule fois une somme de cent mille
taëls[1] aux familles des naufragés japonais massacrés

---

1. Le taël vaut 8 francs.

sur les côtes de Formose. En outre, son gouvernement sera contraint d'allouer une nouvelle somme
de quatre cent mille taëls pour rachat des constructions qui ont été faites par les Japonais. Il est
également entendu que le 20ᵉ jour du 12ᵉ mois de
la septième année de Tung-chich (le 20 déc. 1874)
le gouvernement du Japon aura retiré toutes ses
troupes et que le gouvernement chinois aura versé
à cette même époque le montant total de tout ce
qu'il a consenti à payer. »

On s'est beaucoup félicité dans l'extrême orient
de cette pacifique solution. Tous ceux qui ont des
intérêts engagés avec les deux peuples n'ont pas
caché leur joie de voir les idées de paix triompher.
Il a été universellement reconnu qu'une guerre
entre les deux empires eût porté un grand préjudice
aux intérêts européens.

Le premier soin des Japonais eût été certainement
de bloquer, avec leur flotte cuirassée et à vapeur,
les principaux ports de la Chine ; ceux qui nous sont
ouverts aujourd'hui eussent été les premiers atteints par le blocus, car cette mesure frappait d'un
coup mortel les revenus du trésor impérial. Il en
fût résulté un mouvement d'affaires très-limité,
favorable peut-être à quelques contrebandiers au-

dacieux, mais nuisible aux commerçants sages. Si les hostilités eussent été déclarées, on peut-être également certain que la guerre eût été d'une longueur à ruiner les maisons les plus florissantes.

Les effets des troubles politiques en Chine ont pu paraître autrefois avantageux, mais ces avantages n'étaient en réalité qu'apparents. Lorsque la rébellion des Taï-pings éclata dans le Céleste-Empire, il y a de longues années, beaucoup de négociants étrangers crurent qu'il était de leur intérêt de la voir se prolonger. Aujourd'hui on s'est aperçu que l'on s'était trompé, qu'un négoce suivi, stable, exempt des risques de la confiscation, était préférable à la meilleure des contrebandes.

En admettant, ce qui était probable, que les Japonais eussent réussi à débarquer en Chine et à s'établir sur un point quelconque du littoral, la guerre empêchait immédiatement les marchandises européennes de pénétrer dans l'intérieur de la Chine ; d'un autre côté, elle eût rendu également impossible l'arrivée des produits du pays dans les ports ouverts aux Européens.

On le voit, l'Europe commerçante n'avait rien à gagner, mais beaucoup à perdre au cas d'une rupture. C'est donc avec une satisfaction complète

que nous avons vu les deux peuples en terminer
d'une manière pacifique.

Le 3 janvier, à peine quinze jours plus tard que
l'époque convenue, l'évacuation complète de Formose avait eu lieu. Au départ des occupants, des
saluts ont été échangés entre les Chinois et les
Japonais. Les étrangers en résidence dans ces parages affirment que les soldats de l'armée d'occupation ont respecté, pendant tout le temps qu'a duré
leur séjour, les personnes et les propriétés. Il n'y a
eu aucun acte de pillage, et les vivres réquisi-
tionnés ont été payés. Voilà certainement une manière de guerroyer tout à fait nouvelle en Asie.

Les Chinois n'ont pas attendu le départ des
Japonais pour attaquer à leur tour les sauvages
aborigènes de l'île Formose. Il s'en est fait un grand
massacre, et il est probable que, dans peu d'années,
cette race indépendante aura cessé d'exister. Ces
aborigènes étaient peu dignes d'intérêt, il est vrai,
en raison de leurs cruautés ; mais si Formose eût
appartenu à toute autre puissance qu'à la Chine, ils
eussent pu être civilisés aisément, et occuper, ainsi
que les Tagales de même origine, une place honorable dans la grande famille humaine.

Saïgo, le général en chef des troupes d'occupation,
a été reçu à Tokio avec de grandes démonstra-

tions de joie. Mais la réception faite à son excellence Okoubo, l'ambassadeur à la cour de Pékin, a été beaucoup plus enthousiaste : saluts des forts de Konagawa, répétés par tous les navires de guerre à l'ancre, adresses, arcs de triomphe, illuminations, théâtres publics, tel a été le programme des fêtes célébrées en son honneur.

Le chiffre des Japonais tués par l'ennemi ou atteints mortellement par les fièvres a été de six cents environ. Mais la fièvre a fait plus de ravages que n'en ont fait le fer et le feu. On pourrait croire que, depuis cette guerre heureuse, l'humeur guerrière des Japonais s'est ralentie ; il n'en est rien, car le gouvernement du Japon ne perd pas une occasion d'entretenir l'esprit militaire de la nation et de faire parade de son armée. On fait tous les mois, à Yédo, de grandes manœuvres simulant les attaques et les défenses des villes fortifiées, et tout ce qui constitue le grand art de la guerre. A l'affût des derniers perfectionnements européens, le Japon vient encore de commander à Birmingham six mille fusils Martini.

Quant à l'instruction et à la bonne tenue des troupes, elles sont remarquables et font le plus grand honneur à la mission militaire française. On voit souvent le mikado, imitant les souverains d'Europe en toute chose, escorté d'une suite brillante, passer de nombreuses revues et distribuer en grande pompe des drapeaux aux régiments de création nouvelle. Rien n'y manque, pas même les harangues, que l'on dit toujours fort belliqueuses.

Quant à la Chine, humiliée, elle arme, achète des canons, et fortifie les endroits faibles de son vaste littoral. Si le Céleste-Empire n'a pas été assez fort pour dompter, depuis deux cent cinquante ans qu'il est à Formose, quelques misérables tribus, pouvait-il espérer d'y vaincre les Japonais? Nous n'eussions jamais osé résoudre cette question dans un sens négatif, car les ressources de la Chine sont immenses, et le nombre de ses soldats incalculable. Toutefois son armée est mal entretenue, mal payée et sans aucun sentiment du point d'honneur militaire. C'est tout le contraire dans l'armée du Japon, où l'armement est parfait et la bravoure éclatante. Après s'être comporté glorieusement à Formose, le Japon peut, dans un avenir plus ou moins prochain, essayer de nouveau ses armes en Corée, où son honneur a aussi de graves injures à venger. Les Coréens ne sont pas moins barbares, moins hostiles aux étrangers que ne le furent les Boutans à jamais écrasés; si le Japon avait la

gloire de triompher des premiers comme il a
triomphé des seconds, il serait le seul peuple
d'Asie qui aura combattu pour le seul triomphe du
progrès et de la liberté.

## II

# LE TONKIN

L'attention de la France a été soudainement appelée sur sa colonie de Cochinchine au moment où, livrée au travail de sa réorganisation, se fiant à la sagesse, au calme habituel de ses possessions d'outre-mer, elle suivait d'un regard à peu près désintéressé la marche des Anglais sur Coumassie et l'entrée des Hollandais dans le Kraton des Atchinois. La nouvelle inattendue de l'assaut donné par une troupe française à la citadelle d'Hannoï ou Kécho, — la capitale du Tonkin prend indistinctement ces deux noms, — était-elle le prélude d'une continuation de conquête dans la péninsule indo-chinoise, ou bien une préparation à l'exercice d'un protectorat semblable à celui que nous accordons depuis 1865 à Norodon Ier, roi du Cambodge? Certains journaux de Saïgon et de Hongkong avaient déjà présenté l'une ou l'autre de ces deux hypothèses comme un fait accompli. Il n'y a d'exact, heureusement, dans toutes ces versions, qu'un traité de commerce qui a été signé le 15 mars 1874 avec Sa Majesté Tu-Duc, l'empereur d'Annam [1]. Si nous nous en félicitons, c'est que nous avons la douleur de croire que notre pays n'a jamais été moins en mesure d'étendre par les armes les frontières de ses colonies, et plus sévèrement contraint de se montrer avare de ses trésors et du sang de ses fils.

Ce n'était donc pas dans un dessein avoué d'agrandissement extérieur que le 18 octobre dernier l'aviso *le d'Estrées*, remorquant la canonnière *l'Arc*, quittait le mouillage de Saïgon pour celui d'Hannoï. Cette expédition, sollicitée par le gouvernement annamite lui-même, avait pour objet de mettre fin aux complications qui résultaient de la

---

1. On trouvera ce traité à la suite.

présence trop prolongée dans ces parages d'un
de nos honorables compatriotes, M. Dupuis, et
d'établir simplement les bases d'un traité de commerce motivé par la découverte de nouvelles
voies navigables. D'après les rapports publiés par
M. Dupuis, on venait en effet d'acquérir la certi-
tude que par le Song-koï ou fleuve Rouge existait
une route relativement facile pour se rendre par
eau du golfe de Tonkin à la province chinoise du
Yunnan. M. le contre-amiral Dupré, à cette époque
gouverneur de la Cochinchine française, pensa dès
lors qu'une voie de communication aussi importante ne devait pas rester fermée au commerce.
L'infortuné lieutenant de vaisseau, Francis Garnier,
qui commandait l'expédition composée du d'*Estrées*
et de l'*Arc*, devait donc, non-seulement protéger
M. Dupuis contre les tracasseries des mandarins,
mais obtenir encore l'ouverture du fleuve Song-koï
dans des conditions exceptionnellement avantageuses pour la France, et sans porter nullement
atteinte aux droits de propriété du souverain
d'Annam.

Dès son mouillage à Hannoï, M. Garnier faisait
connaître ses intentions aux Tonkinois dans les
termes suivants : « Le représentant du noble
pays de France, Garnier, fait savoir à tous les

habitants que, les mandarins du noble royaume annamite étant venus à Saïgon demander assistance, l'amiral nous a envoyés au Tonkin pour voir comment les choses se passaient. De plus, ici, au Tonkin, les côtes sont désolées par de nombreux pirates qui font beaucoup de ravages ; nous avons l'intention de pourchasser ces bandits, afin que tous les habitants de ces lieux puissent en paix vaquer à leurs affaires.

» Quant à nos soldats, si quelqu'un d'entre eux commet quelque acte répréhensible, que l'on vienne porter plainte, et nous ne manquerons pas de faire justice.

» Tout peuple se laisse facilement entraîner par les exemples de vertu ; pour nous, en parlant au peuple, nous n'avons en vue que la vertu. Populations du Tonkin, il faut bien vous convaincre d'une chose, c'est que les mandarins et soldats français sont unis avec les mandarins et soldats annamites comme des frères entre eux. En conséquence, *nous désirons procurer au Tonkin la facilité de faire le commerce*, et par là lui apporter la richesse et la paix. Telles sont nos intentions ; nous vous les faisons connaître à vous tous, mandarins, soldats et populations du Tonkin. »

La petite force française — cent cinquante

hommes — rencontrait malheureusement de la part du « grand-maréchal » Nguyen-Tri-Phuong dit *La Contrée*, les dispositions les plus hostiles, et il est à regretter qu'à Saïgon on n'ait pas pris le soin, avant le départ de la mission, de s'enquérir de l'accueil qui lui serait fait à son arrivée. Elle constata bientôt en effet que Nguyen, notre ennemi implacable depuis longtemps, croyant, non sans raison, son influence compromise par la présence des représentants d'une puissance étrangère, se préparait à une attaque. M. Garnier ne crut pas devoir attendre une agression dont les apprêts se poursuivaient presque sous nos yeux; s'élançant avec sa hardiesse habituelle sur la citadelle d'Hanoï à la tête d'une poignée d'hommes, il s'en empara, le 20 novembre, à sept heures du matin, sans perdre un soldat. M. Dupuis avait de son côté appuyé le mouvement d'occupation en lançant de ses canonnières des bombes sur la forteresse. Quelques jours après ce coup heureux, M. Garnier apprit que des pirates, des rebelles, faisaient des préparatifs contre lui dans l'intérieur ; il se rendit dans les provinces de Nam-dinh et de Ninh-binh, y nomma des gouverneurs, destitua des mandarins et envoya de faibles détachements sur les points menacés. Pendant son absence de la capitale, des bandes indisciplinées de transfuges chinois, les Hékis, arborant des pavillons noirs, tentèrent plusieurs fois de reprendre la citadelle, dégarnie de la plus grande partie de ceux qui l'avaient prise. Les attaques n'en furent pas moins énergiquement repoussées par le petit nombre d'hommes qui y restaient.

Le 21 décembre, vers dix heures du matin, M. Garnier était en conférence avec des ambassadeurs annamites arrivés la veille de Hué, lorsque des Hékis vinrent au nombre de cent environ, simuler une nouvelle attaque contre la citadelle. Trente hommes, dont la moitié commandée par M. Garnier, l'autre moitié par M. Balny, enseigne de vaisseau, sortirent de la place pour les repousser et leur donner la chasse.

A la vue des nôtres, atteints par quelques coups de chassepots, les Hékis se replièrent, mais en laissant quelques-uns des leurs cachés dans les bouquets de bambous dont la plaine est clair-semée. Le fourrier de M. Balny fut le premier qui tomba dans une de leurs embuscades. L'enseigne, inquiet de la disparition du sous-officier, vint donner à son tour imprudemment dans l'un des fourrés; il y fut massacré ainsi que deux de ses hommes.

De son côté, M. Garnier, lancé à la poursuite des

Hékis, suivit pendant 5 à 600 mètres une digue parallèle à la route prise par son infortuné lieutenant. Comme cette voie l'éloignait par trop des *pavillons noirs*, il laissa sous la garde de quelques hommes une pièce de quatre qu'il avait avec lui, puis s'élança à travers champs, divisant malheureusement le reste de sa troupe en petits groupes trop faibles ou trop disséminés pour pouvoir se porter mutuellement secours.

Devançant de 60 à 80 mètres les trois hommes qu'il avait gardés, M. Garnier, en observant sans doute avec trop d'attention un point dans la plaine où il avait cru voir des Hékis se cacher, trébucha et tomba dans un fossé fangeux.

Les soldats qui l'accompagnaient, l'ayant vu disparaître, accoururent à son aide, mais ils perdirent leur sang-froid en se croyant enveloppés par des Hékis qui sortaient de tous côtés des bouquets de bambous où jusqu'alors ils s'étaient tenus cachés. En ce moment, un des hommes fut malheureusement blessé; les deux autres sentirent faiblir leur énergie, et au lieu de s'avancer baïonnette en avant, ils battirent en retraite sans même faire usage de leur chassepot. Cette manœuvre décida du sort de M. Garnier. Les Hékis l'entourèrent avant qu'il eût pu se dégager. Après l'avoir achevé à coups de lance, ils lui coupèrent la tête et lui arrachèrent les entrailles et le cœur. Un sergent qui cherchait son lieutenant retrouva le corps mutilé quelques heures plus tard. Il fut transporté à la citadelle, où il fut enseveli avec ses compagnons ; un évêque français, Mgr Puginier, alors à Hanoï, leur rendit les honneurs religieux.

Ce qu'il y a d'épouvantable, c'est que les têtes des cinq Français qui perdirent la vie dans cette fatale escarmouche furent portées en triomphe dans les villes et villages environnants. Ce ne fut que seize jours plus tard, que les débris de ces précieuses dépouilles revinrent dans nos mains.

Dès que ces tristes nouvelles parvinrent à Saïgon, le gouverneur envoya aussitôt la *Sarthe* porter secours aux faibles détachements que nous avions à Kécho. Ce navire y conduisit 200 hommes d'infanterie de marine commandés par un chef de bataillon. M. Philastre, administrateur en Cochinchine, désigné pour remplacer M. Garnier, les accompagnait, et dès son arrivée cet agent suivit une politique peut-être trop ouvertement opposée à celle de son infortuné prédécesseur.

Sacrifiant M. Dupuis, M. Philastre avait signé, avant de quitter le Tonkin, avec le second ambassadeur annamite Nguyên-van-tuong, la convention qu'on va lire. Ce qu'il y a de plus remarquable en elle, c'est l'expulsion de M. Dupuis. Ce traité est une preuve nouvelle du faible soutien que nos nationaux commerçants établis hors de France doivent attendre des fonctionnaires appartenant à l'armée. Il en sera ainsi tant que nos colonies seront gouvernées par d'honorables officiers presque toujours peu disposés à traiter avec honneur et ménagement des hommes de négoce. L'accord admirable qui règne dans les possessions de la Grande-Bretagne entre l'armée et le commerce devrait pourtant nous servir d'exemple. Sans jamais croire qu'ils dérogent, les hommes d'épée se bornent à être les auxiliaires dévoués des colons ; s'ils les traitent avec une considération marquée, c'est qu'ils savent que l'activité, l'intelligence de ces marchands a fait de l'Angleterre la première nation maritime et commerciale du monde.

Mais revenons à la convention passée entre M. Philastre et l'ambassadeur d'Annam et dont voici la traduction :

« Le grand mandarin du noble royaume d'Annam, assesseur du ministre des cultes Nguyên-van-tuong, second ambassadeur plénipotentiaire, délégué spécialement pour terminer les affaires de Tonkin au nom de l'Annam, d'une part ;

» Et le grand mandarin du noble pays de France, Philastre, inspecteur des affaires indigènes en Cochinchine française, envoyé par le gouverneur, avec pleins pouvoirs pour arranger les affaires au Tonkin au nom de son gouvernement, d'autre part;

» Après s'être communiqué leurs pouvoirs et en avoir constaté la valeur, ont arrêté les articles suivants :

» 1° Il n'existe plus de sujet de dissension entre les deux royaumes, qui se sont réconciliés ; c'est pourquoi les grands mandarins susnommés s'engagent à observer ce qui suit :

» 2° Les soldats français évacueront la citadelle de Hannoï, la remettront au pouvoir des mandarins annamites, et se retireront à Cua-Cam, dans le fort de Haï-phong. Les mandarins annamites prépareront donc de suite un local pour que la garnison française puisse s'y établir provisoirement, jusqu'à ce que l'on ait signé le traité définitif. Les Français s'établiront à Haï-phong, afin de protéger le royaume annamite contre ceux qui voudraient pénétrer dans l'intérieur du pays, contrairement aux lois du royaume, et pour forcer les navires de monsieur Dupuis à demeurer au port jusqu'à la conclusion du traité, *au cas qu'il y ait une stipulation autorisant les Européens à venir faire le commerce au Tonkin.*

» 3° Le jour où les soldats français évacueront la citadelle, celle-ci sera livrée avec tous les effets et munitions qui s'y trouveront à cette époque ; en outre, tout l'argent qu'on s'est procuré dans les provinces de Haï-dzuong, Nam-dinh, Ninh-binh et Hannoï sera rendu aux mandarins annamites, qui en donneront reçu.

» 4° La garnison française évacuera la citadelle et la remettra aux autorités annamites, dès que le local de Haï-phong sera libre. Lorsque les mandarins auront donné avis officiellement que tout est prêt, on ne pourra différer l'évacuation au-delà de dix jours.

» 5° Le 29 de la 11e lune (17 janvier), le noble souverain du royaume d'Annam a publié un édit accordant grâce à tous ceux qui ont pris le parti de la France. C'est pourquoi les mandarins ne devront pas les poursuivre, mais les protéger contre ceux qui voudraient leur nuire. Quant aux mandarins nommés par les Français, ils seront maintenus en place s'ils sont reconnus capables, sinon ils seront renvoyés chez eux, car s'ils remplissaient mal leur charge, ce serait au détriment du royaume ; or, les officiers français ont plusieurs fois répété dans leurs proclamations que s'ils administraient les provinces, c'était seulement en l'absence des mandarins légitimes et dans l'intérêt du gouvernement annamite.

» Quand nous aurons fait savoir partout que les deux royaumes ont conclu la paix et qu'il faut cesser toute hostilité, si quelqu'un ne se soumet pas et commet des injustices, par exemple en incendiant des villages, le gouvernement annamite devra réprimer et punir les coupables ; de plus, ceux qui auront souffert des dommages pourront porter plainte, et, s'ils ont des preuves, les mandarins devront leur faire rendre justice.

» 6° En attendant que les ambassadeurs de la noble cour d'Annam et l'amiral gouverneur de la Cochinchine se soient entendus ensemble pour la conclusion du traité, le gouvernement annamite ne laissera dans la citadelle de Hannoï qu'une garnison suffisante pour la garde et le service militaire ; il ne devra pas entasser des troupes dans le territoire limitrophe de la province de Sontây. Au cas où il y aurait des rebelles, alors on pourrait faire venir à Hannoï les troupes des provinces voisines.

» 7° Le gouvernement annamite doit laisser libres les fleuves et rivières, surtout à leurs confluents et à leurs embouchures, pour que les troupes çaises qui sont temporairement au Tonkin puissent circuler sans difficulté.

» 8° Personne ne violera la sépulture des Français et des volontaires annamites morts en combattant ou de maladie et encore enterrés dans la citadelle de Hannoï. Quand le résident français voudra visiter ces sépultures, ou enverra quelqu'un à sa place, il devra en informer auparavant les mandarins, qui en donneront l'autorisation. Ces mandarins laisseront les corps au même endroit jusqu'à ce qu'ils se soient entendus avec le résident pour trouver un autre lieu en dehors de la citadelle, ce qui aura lieu dans le courant d'un mois ; ils permettront alors d'enlever les corps, et le résident ou celui qu'il aura désigné se rendra à la citadelle pour les faire exhumer et transporter au lieu convenu.

» 9° Le gouvernement annamite concédera un terrain, sur le bord du fleuve, pour construire une habitation au résident français et aux soldats de son escorte ; ce terrain sera près du lieu où, après la conclusion du traité, on permettra aux commerçants français de s'établir. La désignation de ce terrain et la construction définitive de l'habitation du résident sont réservées à la décision du gouverneur de la Cochinchine, qui s'entendra par la suite à ce sujet avec les ambassadeurs annamites.

» 10° En attendant que l'on ait construit une maison pour le résident et son escorte en dehors de la citadelle, sur le bord du fleuve, et parce qu'il n'y a pas d'autre endroit, le gouvernement annamite permettra au résident d'habiter temporairement avec une escorte de quarante hommes, dans le palais du grand mandarin de la justice. Quand le calme sera rétabli, si les maisons ne sont pas terminées, le résident quittera la citadelle avec son escorte et ira occuper la maison de Dupuis et toutes les maisons voisines que les Chinois lui avaient louées.

» 11° Le gouvernement annamite veillera à la sûreté du résident et de son escorte, comme il convient à une grande nation ; s'il y a lieu de craindre pour sa sécurité, les mandarins de Hannoï devront le prévenir et s'entendre avec lui pour conjurer le danger, soit en lui donnant des troupes de renfort, soit en lui donnant asile dans l'intérieur de la citadelle.

» 12° Tous les articles que nous avons arrêtés de concert, lors de la reddition des provinces de Ninh-binh, Haï-dzuong, Nam-dinh et Hannoï, et qui ne sont pas contraires aux dispositions de cette convention, seront observés.

» 13° Le gouvernement annamite a maintenant

trois cents soldats campés en dehors de la capitale ; il devra se contenter de ce chiffre, sans l'augmenter. A la nouvelle que les Français évacuent la citadelle, les soldats annamites, qui devront ensuite en former la garnison, s'approcheront de la citadelle à la distance de quatre heures de marche, et attendront là le moment d'entrer.

» 14° Monsieur Dupuis, ainsi que les Français et les Chinois qui l'accompagnent, quitteront la ville de Hannoï avant les troupes françaises, et se rendront à Haï-phong, conduits par un officier français ; *ils attendront là que le fleuve soit ouvert au commerce.* Le navire de M. Dupuis appelé *Hong-kiang*, et qui cale trop d'eau pour descendre le fleuve, demeurera provisoirement à Hannoï, sous la garde du résident.

» Si M. Dupuis veut quitter le Tonkin et se rendre au Yunnan en remontant le fleuve par Hung-hoa, il priera le résident de demander pour lui l'autorisation aux mandarins de Hannoï, déclarant au préalable le nombre de ses navires et des personnes qui les montent. Ces gens, tant Européens que Chinois, ne devront pas être plus de 65, sans compter les Annamites qui seraient employés à ramer ; le nombre des bateaux ne pourra pas dépasser 10. Dans ces conditions, les mandarins de Hannoï délivreront un passeport pour les pays soumis à l'Annam ; dans les lieux occupés par les rebelles où il n'y a pas de troupes annamites, M. Dupuis se tirera d'affaire de son mieux. Il n'aura de munitions de guerre que pour sa défense personnelle, et ne devra pas en vendre ou en donner à qui que ce soit sur le territoire annamite. La quantité de ces munitions sera fixée par le résident, de concert avec les mandarins de Hannoï. Une fois au Yunnan, M. Dupuis ne reviendra plus au Tonkin avant l'ouverture du fleuve au commerce.

» Si, au lieu d'aller au Yunnan, il se fixait en quelque endroit appartenant au royaume annamite sans en avoir l'autorisation, *les Français s'engagent à aller l'en chasser, et si c'est nécessaire, ils requerront le gouvernement annamite, qui de son côté enverra aussi des soldats.*

» 26ᵉ année de Tu-duc, 21ᵉ jour de la 12ᵉ lune (6 février 1875). »

M. Philastre a été rappelé, il est vrai, mais, de qui tenait-il les instructions qui l'autorisaient à chasser M. Dupuis ? Du gouverneur de la Cochinchine française, sans aucun doute. Quoi qu'il en soit, les cinq citadelles qui étaient déjà en

notre pouvoir furent abandonnées, et, à ce que
l'on assure, notre pavillon abattu par des mains
annamites[1]. Malgré une promesse publique d'amnistie, les Tonkinois qui avaient épousé notre cause
tombèrent en nombre considérable sous le sabre
des Annamites, leurs conquérants détestés ; le chef
des Hékis, Licou-yuan-fou, au lieu d'être puni
pour nous avoir attaqués le 21 décembre, a été élevé
au grade de général de division à quatre parasols[2],
et créé prince honoraire du royaume d'Annam ;
enfin, les assassins directs de MM. Garnier et
Balny auraient reçu pour prix de leurs actes des
sommes considérables.

On comprend l'effet déplorable produit en Chine
et au Tonkin par cette politique de recul, elle a
donné, ainsi que la fin tragique de M. Francis
Garnier, le coup de grâce à cette conquête impro-
visée du Tonkin, mais que l'on eût certainement
acceptée sans ce dénoûment fatal et imprévu. Ces
complications, à tant de points de vue regrettables,
ne nous ont point aliéné le souverain de l'Annam.
Le « grand-maréchal » mort depuis, tué par un
éclat d'obus français, n'aurait pas tenu compte

1. Voir *la France au Tonkin*, par M. F. Romanet de Caillaud.
2. Dans l'Annam, c'est au nombre de parasols que se mesure
la distinction d'un personnage.

dès le principe, s'il faut en croire les Annamites, des ordres pacifiques qu'il aurait reçus de Hué[1]. Tu-Duc n'exerçant qu'un pouvoir à peu près nominal sur ses lieutenants du Tonkin, ayant ses côtes infestées de pirates chinois, nous aurait même priés de rester dans le pays en attendant le payement d'une indemnité d'un million et la conclusion du traité de commerce qui vient enfin d'être signé.

Mais il est des pertes qu'aucun argent ne rachète, c'est celle d'un officier de marine et d'un voyageur aussi instruit que l'était Francis Garnier ; il est

1. « Le grand-maréchal Nguyên-tri-phuong n'est pas Chinois, ainsi qu'on l'a affirmé sur la foi du *Journal officiel*. Un voyageur qui a vu le corps de Nguyên-tri-phuong après sa mort, aurait assuré qu'il avait le type annamite le plus prononcé.

» C'est Nguyên-tri-phuong qui défendit contre nous Tourane et Khi-hoa. En 1863, il fut envoyé au Tonkin pour combattre l'insurrection de Phung, membre de la famille royale Lê, qui régnait sur le Tonkin, avant la conquête de ce royaume par Gia-laong en 1802. Cette insurrection, qui, si elle eût été simplement approuvée par la France, nous eût alors livré le protectorat du Tonkin, fut étouffée par Nguyên-tri-phuong. En 1866, le même Nguyên fut appelé à Hué, avec le titre de vo-hiên-diên pour être chargé du ministère de la guerre. Au commencement de 1867, à l'époque où Tu-Duc voulait essayer de reprendre Saïgon et les trois provinces qu'il nous avait cédées en 1862, il était désigné pour prendre le commandement de l'expédition. En 1872 il fut aussi envoyé au Tonkin pour arrêter les progrès des rebelles chinois qui avaient envahi le nord de ce royaume, et aussi pour régler la question Dupuis. »

(*La France au Tonkin*, par M. F. Romanet de Caillaud.)

aussi des vengeances qu'aucune pendaison au plus
haut des vergues de nos bâtiments ne peut com-
penser : ce sont celles exercées par nos ennemis sur
un grand nombre de villages et d'Annamites, les
uns incendiés pour avoir laissé arborer chez eux le
drapeau tricolore, les autres égorgés en raison de
leur sympathie pour la France. Le gouvernement
annamite assure qu'il lui a été impossible d'empêcher ces déplorables exécutions ; nous n'en croyons
pas un mot, pourtant force nous est bien de le
croire jusqu'au jour où l'occasion se présentera de
tirer parti de cette impuissance.

Après avoir refait, en compagnie de M. Dupuis,
le trajet de Hong-kong à la province chinoise du
Yunnan par le fleuve Rouge et ses affluents, nous
donnerons quelques détails sur le Tonkin et sur les
ressources qu'il offre. Ce riche fleuron de la cou-
ronne d'Annam doit s'en détacher un jour comme
un fruit trop mûr et tomber entre les mains de la
France. Si nous avions l'imprudence de vouloir
précipiter aujourd'hui ce résultat, il faudrait jeter
dans ces contrées un argent devenu difficile à
trouver pour des nécessités douloureuses et ur-
gentes ; nous y verrions périr, soit par les insola-
tions, les fièvres, la dyssenterie, soit par les
embûches, ce que nous avons de plus précieux à

garder, c'est-à-dire nos marins et nos soldats. Le traité que nous venons d'obtenir de l'empereur Tu-Duc est déjà un fait considérable dont il faut savoir apprécier la valeur : M. L. de Carné, cette première victime de l'Indo-Chine, ne réclamait point autre chose lorsqu'à la fin de 1867 il arrivait avec la mission de M. Doudart de la Grée, dans le Yunnan, en vue du fleuve Rouge.

# I



C'est le 25 octobre 1872 que deux bateaux à
vapeur français, le *Louakaï* et le *Hoong-kiang*,
remorquant une petite chaloupe à vapeur, quittèrent la rade de Hong-kong pour le Tonkin. L'expédition était commandée par M. Dupuis, résidant
habituellement à Hankow; pour second, notre
compatriote avait choisi un autre Français, M. Millot,
négociant à Shanghaï. Le chargement se composait
de munitions de guerre, de canons, de boulets, de
poudres, de fusils Chassepot et de revolvers; le
tout devait être remis au « maréchal » Mah, commandant en chef l'armée chinoise qui combattait

alors l'insurrection musulmane dans la province de Yunnan. Atteindrait-on le but indiqué en traversant par des voies fluviales tout le Tonkin ? Personne n'osait l'affirmer à Hong-kong ; les Anglais ne le croyaient pas. On n'en partit pas moins comme s'il s'agissait de parcourir une route longtemps fréquentée.

Le 9 novembre, les deux bâtiments arrivaient sur les côtes du Tonkin, à l'embouchure du Cuacam, nom d'une branche du Song-koï, fleuve qui devait, d'après les informations obtenues des indigènes, communiquer avec Hannoï. M. Dupuis avait à peine jeté l'ancre qu'on vint lui annoncer la visite d'un commissaire royal, le fameux Ly, ministre des affaires étrangères à Hué et ancien ambassadeur de cette cour à Pékin. Ly s'opposa naturellement à l'entrée des bateaux dans le fleuve, mais, sur les protestations énergiques de M. Dupuis, le haut dignitaire annamite promit d'en écrire à Hué et d'apporter une réponse dans un délai de quinze jours. Pour ne pas se créer de sérieux ennuis dès le début du voyage, l'expédition dut consentir pendant tout ce temps à ne pas changer de place.

Sur ces entrefaites, arriva M. Senez, commandant l'aviso à vapeur *le Bourayne*, chargé d'explorer le littoral du Tonkin et d'en purger les pirates qui l'infestaient. Cet officier, au moment où il rencontrait M. Dupuis, venait audacieusement de remonter le Cuacam jusqu'à Hannoï avec deux baleinières et vingt-cinq hommes.

M. Senez, il est vrai, intervint en faveur de M. Dupuis, mais nous croyons que cette officieuse intervention, faite dans les meilleures intentions, fut excessivement préjudiciable à notre compatriote. Les Annamites, inquiets de la visite que venait de faire le commandant du *Bourayne* jusque dans le cœur du Tonkin, ne voulurent voir dès lors en M. Senez et M. Dupuis que l'avant-garde des Français qui devaient venir s'emparer plus tard du pays.

L'envoi, par M. le contre-amiral Dupré, gouverneur de la Cochinchine, de M. F. Garnier dans ces parages, quelques mois après cette rencontre, prouve, il faut le reconnaître, que la cour de Hué avait bien quelque droit de se montrer soupçonneuse. Rarement les intérêts de la France ont été plus maladroitement mis en jeu et défendus.

L'embouchure du Cuacam est protégée par quelques forts qui purent autrefois être redoutables, mais dont on ne peut aujourd'hui que constater les ruines et l'impuissance. Avant 1865, il s'y faisait un grand commerce de denrées et d'armes ; comme c'était sur ce point de la côte que les rebelles annamites s'approvisionnaient de mousquets et de poudre pour combattre leur souverain, Tu-Duc prit le sage parti d'en fermer le port. Les négoces se sont depuis portés sur Trali, où l'on rencontre maintenant les neuf dixièmes des jonques qui trafiquent entre Canton, Macao, Hong-kong et les autres ports du Tonkin. C'est aussi par le Cuacam que les pirates chinois remontent jusqu'à la ville de Haï-dzung. Faisant des razzias des jeunes filles annamites surprises la nuit dans les villages riverains, les pirates vont ensuite les vendre dans quelque crique cachée de la province du Kuang-tong, où les femmes s'achètent, selon leur jeunesse et leur beauté, dans des prix variant de 200 à 500 francs.

Le délai consenti par M. Dupuis étant expiré, Ly revint à bord sans apporter l'autorisation de continuer un voyage très-dangereux, disait-il, et, la cour de Hué exigeant de nouveau trois mois de réflexion pour se décider, M. Dupuis ne se fit aucune illusion : c'était un refus déguisé. « Je consens à tout, et pendant quatre mois, s'il le faut, j'attendrai le bon plaisir de Votre Excellence, répondit-il ; mais l'embouchure du Cuacam est malsaine, l'eau

que j'y prends pour faire boire mes hommes est détestable. Laissez-moi remonter un peu plus haut en
rivière, et dans de meilleures conditions d'ancrage,
je pourrai attendre indéfiniment votre auguste décision. » L'excellence, émerveillée de tant de douceur, se retira satisfaite, mais, une fois sous vapeur,
M. Dupuis ne s'arrêta plus. Après avoir navigué
pendant un certain temps, l'expédition constata que
le fleuve se divisait tout à coup en quatre bras, dont
l'un, heureusement, se trouvait être navigable. Le
18 décembre, la flottille entrait dans le Song-koï,
qu'elle remontait pendant quatre jours pour arriver
sans encombre devant Hannoï, où il lui fallut jeter
l'ancre forcément. Ici se présentèrent de grandes
difficultés. On était dans une époque de sécheresse
qui ne permettait plus aux bateaux à vapeur de
remonter plus loin; cette insuffisance d'eau dans le
fleuve Rouge est annuelle et dure quatre mois. On
fut donc contraint de louer des embarcations légères aux Tonkinois, de transborder les munitions,
et, comme les mandarins ne manquèrent pas de
susciter des difficultés à nos impatients voyageurs,
ce ne fut que le 18 janvier que l'expédition put continuer son voyage.

Pendant que ceci se passait, deux rébellions
avaient éclaté au Tonkin, dont l'une s'étendait jus-

qu'à Laoukaï, une des dernières villes de l'empire au nord. Comme tous ces insurgés étaient campés sur les bords du fleuve Rouge, M. Dupuis fut obligé de passer avec ses munitions de guerre, non-seulement devant l'armée régulière de l'empereur, mais encore au milieu des deux armées rebelles. Chose étrange, les chefs de ces dernières se montrèrent très-courtois vis-à-vis des Français; l'un d'eux réclama même de M. Dupuis le service de parler en sa faveur au maréchal Mah : natif de Yunnan, son plus vif désir était d'y rentrer, mais, commandant des rebelles dans un pays ami de la Chine, il craignait, non sans raison, d'avoir la tête tranchée à son retour. M. Dupuis lui promit d'intervenir, et obtint aisément par la suite le pardon demandé.

Le 20 février, l'expédition arrivait à Laoukaï; le 4 mars, elle touchait enfin à Mang-hao, point dans le Yunnan où la navigation du fleuve Rouge cesse entièrement. A partir de là, le Song-koï, qui porte le nom de Hong-Kiang, n'est qu'un faible ruisseau dont la source est située à l'ouest, tout proche de la ville longtemps musulmane de Talifou, et non loin d'un contre-fort des hautes montagnes de l'Himalaya. De Mang-hao à la mer la distance est de 414 milles; elle peut être parcourue en bateau à vapeur en cinq jours seulement, aux époques où le fleuve ne manque pas d'eau.

Le maréchal Mah reçut M. Dupuis d'une façon très-amicale, et le félicita d'avoir le premier accompli un si hasardeux voyage. A cette époque, les rebelles mahométans, combattus par le maréchal chinois, n'avaient plus dans la direction de la Birmanie que trois villes en leur pouvoir. Secondés par quelques canonniers européens, les impériaux ont pris ces derniers retranchements de la formidable insurrection. Pourtant la paix sera-t-elle de longue durée ? Nous ne le croyons pas. Les musulmans ne seront définitivement tranquilles que lorsqu'ils seront anéantis ou maîtres du pays, une longue suite de rébellions l'a prouvé. De leur côté, les soldats chinois ont commis dans le Yunnan de telles atrocités qu'il est impossible que tant de sang versé n'engendre pas d'horribles revanches. Pendant près de vingt ans, cette malheureuse province n'a été qu'un vaste champ de carnage. Les généraux de l'Empire Céleste, pour qui la guerre est toujours une excellente affaire d'argent et de plus un motif légal de rapine, brûlaient les villes après les avoir pillées, laissaient les champs sans semence après en avoir recueilli les récoltes. Il n'y eut d'ailleurs ni batailles rangées, ni villes prises d'assaut : la trahi-

son livrait la clef des portes, et l'argent achetait l'é-
pée des chefs rebelles. Si l'un des généraux chinois
Ma-yon-long, se contentait en entrant dans une
ville insurgée de décapiter trois ou quatre notables,
Tien-yon-yuy, un autre général, tuait tous les
hommes qui tombaient entre ses mains, civils ou
militaires, armés ou non armés. Convaincus que les
musulmans ne céderaient qu'à la force et recom-
menceraient dès qu'ils se sentiraient en mesure de
reprendre la lutte, les soldats chinois ne faisaient
plus aucun quartier. Aussi le féroce Tien-yon-yuy
était-il leur commandant préféré; approuvant hautement sa cruauté, ils accusaient Ma-yon-long de
trahison. Peut-être ce dernier eût-il payé de sa vie
son habituelle clémence sans une singulière aventure qui le mit dans l'obligation de faire trancher
la tête à la fille d'un des plus puissants chefs des
révoltés. Cette jeune femme, très-belle, aimant à
monter les chevaux les plus fougueux, précédant
presque toujours à la guerre les soldats de son
père, distribuait des récompenses aux braves ou
punissait les lâches; elle avait fini par exercer un
tel ascendant sur l'esprit de ses hommes, qu'avec
elle ils se croyaient invincibles. Un jour, la jeune
guerrière, s'étant procuré un sauf-conduit pour le
camp ennemi, y pénètre et compte sur son éclatante

beauté pour arriver jusqu'à la couche du général
Ma-yon-long et l'assassiner; mais l'astucieux Chinois, soupçonnant quelque trahison, ordonne d'arrêter la nouvelle Judith. Après quelques mois de
prison, elle veut fuir; reconnue seulement alors,
l'ordre est donné de la décapiter avec les amis qui
s'étaient dévoués pour lui rendre la liberté.

Indépendamment de la rébellion mahométane, le
Yunnan est encore souvent exposé dans l'ouest aux
passages de bandes errantes de pillards, aux invasions des Miaotse, montagnards féroces qui descendent dans la plaine, tuent ceux qui résistent,
font des captifs, ravagent les cultures, prennent ce
qui peut être emporté et brûlent ce qui reste. Les
armes impériales viennent, il est vrai, d'en faire un
grand carnage, mais beaucoup de ces sauvages indigènes se sont réfugiés sur les hauteurs, d'où ils
redescendront certainement un jour. On le voit,
avant que cette malheureuse province puisse être
parcourue dans toute son étendue par les Européens, pour que ses soies, ses riches et abondants
minerais puissent circuler sans craindre le pillage et
descendre par le fleuve Rouge jusqu'aux embouchures du Cuacam, le Céleste-Empire a besoin de
garder ses frontières du côté du Thibet, de relever
bien des ruines, de donner la vie à des solitudes

autrefois fertiles, mais couvertes aujourd'hui d'ossements humains, enfin de s'attacher une population encore frémissante du joug qui lui est imposé. Pourquoi le dissimuler? les sympathies des voyageurs européens dans ces régions sont pour les fils du prophète. En ce qui me concerne, je préfère leur fanatisme belliqueux à l'indifférence chinoise, leur orgueilleuse ignorance à la prétendue science momifiée du *Céleste*, leur croyance en une vie future, dût-elle se perpétuer dans le paradis de Mahomet, au néant où doivent disparaître les disciples de Bouddha.

Les Anglais ont fait et font encore journellement de grands efforts pour ouvrir une route commerciale de leurs provinces du nord-est de l'Inde à celles du sud-ouest de la Chine; mais un simple coup d'œil sur une carte du plateau central de l'Asie fait comprendre que les montagnes arides qui se dressent dans cette région seront toujours un obstacle insurmontable à des voies de commerce faciles. Depuis que le littoral des Birmans leur est ouvert, les Anglais ont porté leurs efforts vers le sud et ont tenté de parvenir au Yunnan à travers la Birmanie, en remontant l'Irawaddy à partir de Rangoun; pour faciliter l'entreprise, ils n'auraient point hésité à soutenir les rebelles musulmans du

Yunnan, si Talifou n'était pas tombé aux mains des
impériaux. Le succès du voyage de M. Dupuis a de
nouveau réveillé leur jalouse ardeur. Leurs agents
ont recommencé à étudier la route navigable qui
doit conduire de Rangoun aux frontières de la
Chine par Bhamo, l'ancien entrepôt des caravanes.
Parmi les projets mis en avant, le meilleur paraît
être celui du capitaine Sprye. Ce dernier cite à
l'appui de son tracé le voyage accompli récemment
par une caravane composée de marchands chinois
et birmans, qui, profitant de la tranquillité qui
règne dans les montagnes depuis l'égorgement des
Miaotse, a suivi l'antique route de la Chine aux
Indes, et est arrivée sans encombre à Bhamo avec
de l'orpiment et quatre cents balles de soie de la
province de Szechuen. Ces marchands annoncent
que d'autres caravanes les suivent. Quelle que soit
l'importance de ces faits, les Anglais eux-mêmes
sont contraints d'avouer que, si le Song-koï est
ouvert au commerce européen, aucune voie ne
pourra entrer en compétition avec celle-là. Le
triomphe de cette route serait en effet complet, si
dès aujourd'hui quelques maisons françaises honorables, riches et entreprenantes allaient s'établir à
Hannoï ou aux embouchures du Song-koï. Nous en
connaissons beaucoup réunissant ces conditions,

mais quelle est celle qui donnera le patriotique
exemple? Les Anglais assurent que nous ne saurons
jamais tirer parti d'une pareille situation; ne trou-
verons-nous pas moyen de leur donner un démenti?
Ce qui préoccupe aussi beaucoup nos voisins, c'est
la crainte de voir, si nous nous emparons du Tonkin, un trop grand rapprochement s'opérer entre
la France et la Birmanie indépendante. Ils ont
beaucoup remarqué déjà en octobre dernier le
comte Marescalchi, capitaine de zouaves, neveu du
maréchal Mac-Mahon et son aide-de-camp à Châ-
lons, qui avait apporté au petit roi de Birmanie
la ratification d'un traité de commerce entre son
royaume et la France. Il est certain que le choix de
cet envoyé a dû fournir un sujet d'inquiétude et de
réflexion aux Anglais, qui peuvent devenir un jour
nos voisins en Cochinchine. Aussitôt après la prise
de possession de la Nouvelle-Calédonie par la France,
un éleveur d'Australie ne m'a-t-il pas avoué à Ceylan que ses compatriotes venaient de se constituer
en miliciens à Sydney dans la crainte d'une invasion française!

Revenons à M. Dupuis. Aussitôt sa mission terminée auprès du maréchal Mah, ce dernier lui
donna en toute propriété une escorte de cent cinquante de ses *braves* ou soldats chinois pour assurer

son retour dans le Tonkin. Le voyageur retrouva sur sa route les deux armées rebelles qui lui avaient fait un si bon accueil à son premier passage, et qui continuèrent à lui prêter un utile appui. Les mandarins annamites de l'armée impériale se bornèrent à le traiter avec une parfaite indifférence. Le second de M. Dupuis, M. Millot, arriva seul à Hongkong après huit mois d'absence : il n'avait avec lui qu'un seul bateau, le *Louakai ;* malgré le dépit qu'elle ressentait de son heureux voyage, la colonie anglaise lui fit un brillant accueil. M. Dupuis, avec le *Hoong-kiang,* son canot à vapeur et son escorte, restait à Hannoï afin d'y ouvrir un comptoir et de poser les premières bases du traité de navigation dont nous avons déjà parlé, lorsque la fin tragique de M. Garnier et l'ordre qu'il reçut de M. Philastre d'évacuer le Tonkin ruinèrent complétement ses projets et ses espérances.

Les services rendus au gouvernement annamite par la chasse terrible que M. Senez fit à cette époque aux pirates sont trop considérables pour être passés sous silence. Tu-Duc doit au commandant français de l'avoir délivré d'un millier de bandits qui bloquaient ses ports depuis quatre mois, et nous lui devons de nous faire connaître tout le littoral de la province du Tonkin. Parti le 5 octobre 1873 de Saïgon, le *Bourayne*, après avoir doublé le cap Padaran, se dirigea vers Vung-gang, situé à quatre milles au sud. Les ressources de cette petite ville sont à peu près nulles; la pêche est la seule industrie des habitants, tourmentés par les tigres qui rôdent à deux pas de leurs maisons, comme le sont les autres indigènes dans la plupart des ports de la côte. On y rencontre aussi beaucoup de bœufs sauvages et d'éléphants. L'habitant n'a d'autre moyen de les éviter que de se barricader la nuit chez lui et de n'en plus sortir qu'au lever du soleil. L'empereur d'Annam préfère voir dévorer un à un ses sujets par les bêtes féroces et laisser détruire leurs récoltes que d'autoriser les Annamites à posséder des armes, qu'ils pourraient tourner contre lui une fois les fauves détruits. De Vung-gang, le bâtiment français alla reconnaître le mouillage d'Hannoï, et vint jeter l'ancre devant le village de Mush-huan. Là, les indigènes vinrent offrir de petits chevaux en grand nombre à nos marins, qui n'en savaient que faire; le prix de ces chevaux varie de 30 à 120 francs. Il s'y trouve des bœufs qui donnent de 115 à 120 kilogrammes de viande abattue pour la modique somme de 20 francs. Le reste est à l'avenant. Plus haut, dans la baie de Hone-cohé, les cerfs sont très-abondants; singuliérement curieux, ils accourent comme des animaux apprivoisés. Pays de cocagne pour le chasseur, si les tigres n'y dévoraient un ou deux indigènes par semaine! Il n'y a qu'un puits d'eau douce à Hone-cohé, inépuisable, il est vrai.

De Hone-cohé, le *Bourayne* alla se présenter devant la rade Hone-ko, qu'il contourna sans y mouiller; c'est un des plus beaux et des plus sûrs ancrages de cette côte, si riche en ports et en baies. La capitale de la province de Binh-dinh, résidence des autorités provinciales, n'est éloignée que de 15 à 18 kilomètres par terre de Kuinhone. On s'y rend en palanquin en sept heures. Quoique la population lui parût peu sympathique, M. Senez se fit porter en chaise au chef-lieu, où il trouva dans la citadelle, construite, comme celle de la capitale du Tonkin, d'après des plans français, les mandarins auxquels il voulait rendre visite. C'est un vaste quadrilatère de 1,000 à 1,200 mètres de côté, ne contenant plus que quelques vieux canons renfermés piteusement dans des paillottes. Bien que entourées de larges fossés, d'un bras de rivière, rien de plus aisé à enlever que ces fortifications; il en est de même des ouvrages en terre qui défendent l'entrée du port.

Ces citadelles sont défendues par des canons du

calibre de 8 et de 12, et par de nombreuses troupes armées de lances, de fusils à pierre, à mèches et même de ferraille. Un général qui commande à six mille hommes porte le nom de *Dé-doc*; celui de *Linh-Binh* correspond à notre titre de colonel.

Dans les grandes villes réside un préfet nommé *Phus* ou un sous-préfet, *Puyen*. Des maires nommés *Li-Truong* administrent les villages. Quant aux lettrés, les *Bat-Phan* et les *Cua-Phan*, ils sont très-nombreux et occupent dans les lettres douze grades différents. Les plus hauts en hiérarchie jouissent du port de quatre parasols, les plus infimes n'en ont qu'un.

A Tourane, où tant de millions ont été engloutis sans utilité par l'amiral Rigault de Genouilly, en face d'une plage où dorment d'un sommeil éternel tant de nos marins terrassés par les fièvres et la dyssenterie, le *Bourayne* fut étonné de voir en rade un affreux petit bateau à vapeur portant les couleurs allemandes. Un négociant de cette nation, habitant Hongkong, venait de le vendre sans vergogne 200,000 francs au gouvernement annamite; c'est à peine si cette carcasse, chargée de couleurs comme une vieille coquette, en valait 6,000. Ce marchand eut l'effronterie de venir à bord demander passage pour Vittoria au commandant Senez; on le

lui refusa. Avec ses 200,000 francs, et peu ras-
suré probablement, il dut se résigner à attendre
dans son bateau la fin de la mousson du nord-
est.

C'est le 21 octobre, en quittant le mouillage de
Hué, capitale de l'Annam et résidence de l'empereur,
qu'on aperçut à la hauteur de l'île Hon-tsen deux
grandes jonques aux allures suspectes. Un coup de
canon à boulet, tiré sans préambule par l'une d'elles
sur le *Bourayne*, ne donna pas longtemps à chercher
à quelle espèce d'ennemis on allait avoir affaire.
Comme à l'endroit où se trouvaient les embarcations
chinoises l'eau avait une teinte terreuse, le *Bourayne* dut surveiller sa marche, et naviguer avec
la plus grande circonspection dans la crainte d'un
échouage. Les pirates, croyant à de l'hésitation
de notre part, se mirent avec rage à faire vibrer
leurs gongs en agitant leurs bannières ornées de
queues de vache, et, ce qui était plus sérieux, à
nous canonner vigoureusement tout en manœuvrant
de façon à rapprocher les distances. Le bâtiment
français, ayant enfin trouvé un fond de 16 mètres,
ouvrit à son tour le feu à deux encablures, et une
lutte très-vive s'engagea des deux côtés. Bientôt
les combattants se rapprochèrent davantage, et
les matelots français purent faire pleuvoir sur ces

misérables une grêle de mousqueterie. Les défenseurs d'une des jonques, sentant couler celle qu'ils montaient, l'abandonnèrent pour passer sur l'autre, et continuèrent à combattre avec une énergie désespérée et, disons-le, admirable. Percée de trois obus, on ne tarda pas à voir la seconde jonque s'enfoncer lentement; l'équipage se réfugia sur l'avant, qui surnageait encore, et fit feu de la seule pièce en état de tirer. C'est alors que, le corps à moitié dans l'eau, se cramponnant aux mâts, aux gréements, ces malheureux s'obstinèrent à brûler contre nous leurs dernières cartouches. Il n'y eut pour eux ni pitié ni grâce. Deux embarcations pleines de fusiliers furent amenées, et allèrent achever presque à bout portant l'œuvre de destruction. Le croirait-on? les pirates ripostèrent même dans cette situation. Tous périrent au nombre de trois cents. Sans parler de son gréement démoli, de ses haubans coupés, d'un boulet de 12 dans la coque au deux tiers de son épaisseur, le bâtiment français compta deux hommes blessés, dont l'un, M. Couturier, aspirant de première classe, était atteint d'une balle qui lui traversa le bras sans toucher l'os. Pendant cette scène de carnage, deux ou trois mille Annamites armés de lances attendaient du haut des dunes le résultat de la lutte. Le combat terminé, ils se jetèrent avec de grandes démonstrations, comme des vautours avides, sur ce qu'il y avait à piller dans les débris de la jonque à moitié submergée.

Le 29 octobre, le *Bourayne* ayant embarqué un évêque français, M. Gauthier, dont le siége apostolique est à Hongneu, appareilla pour les îles Houmé, où deux jonques de forbans chinois, sur quatre qui s'y trouvaient au mouillage, acceptèrent vaillamment un combat, qui se termina encore par une destruction complète des bandits. Les deux autres jonques avaient fait voile pour aller s'échouer à la côte, à l'ouest de l'île ; le *Bourayne* les y suivit, les incendia, et les pirates qui les montaient, réfugiés dans un îlot désert et inculte, durent y mourir de faim, si, selon toute probabilité, personne ne vint leur apporter des vivres. Le 28, nouvelle bataille navale ; 120 de ces énergiques pirates périrent dans ce combat, après une lutte acharnée qui ne dura qu'une demi-heure ; le *Bourayne* eut ce jour-là deux hommes et un mousse blessés, sa cheminée crevée par un biscaïen, sa coque traversée à bâbord par un boulet de 18, et son tribord endommagé par un boulet rougi de 24.

Ces canonnades répétées, qui remplissaient de

bruit et de fumée les baies du Tonkin ordinairement
si paisibles, avaient vivement ému toute la population du littoral ; les malheureux Annamites,
bloqués dans leurs ports depuis quatre mois, vinrent
en foule dans les eaux du *Bourayne* demander des
nouvelles et s'informer anxieusement s'ils pouvaient
à l'avenir naviguer sans crainte d'être attaqués.
Sur la réponse affirmative du commandant, une
flottille partit presque aussitôt pour aller porter
des approvisionnements à l'armée de Tu-Duc. Ce
monarque, auquel on se plaît à faire une renommée
d'habileté exagérée, n'est pourtant pas aussi
maître chez lui qu'on le suppose, car à cette époque
six provinces étaient entre les mains des deux
armées rebelles rencontrées par M. Dupuis.

Le 30, M. Senez faisait jeter l'ancre devant
Catba. Ce port était autrefois un vrai nid de forbans ; il est maintenant, paraît-il, devenu plus honnête. Chacun y bâtissait des habitations en paillottes, il est vrai, mais qui, dans un avenir prochain,
promettaient de se changer en constructions plus
sérieuses. Catba, placée en face des trois plus
grandes rivières du Tonkin, — Cuacam, Bac-dangian et Lueth-huyen, — ayant un mouillage excellent où des navires d'un fort tonnage pourront
toujours s'abriter, sera donc probablement et

dans un temps prochain la ville la plus floris-
sante de toute la côte au point de vue commercial.

Le 2 novembre, M. Senez, laissant son bateau
à l'ancre, prenant avec lui deux baleinières, une
jonque chinoise servant de magasin et vingt-cinq
hommes armés de fusils Chassepot, remonta les
bouches du Cuacam jusqu'à Haï-dzung, le chef-
lieu de la province de ce nom. Haï-dzung est une
grande ville avec de nombreuses maisons en briques
et défendue par une citadelle qui pourrait offrir
une sérieuse résistance, si elle était occupée par
une armée en rapport avec son étendue. L'accueil
fait par le gouverneur à nos compatriotes leur parut
plein de cordialité. Ils en profitèrent pour se mettre
en route dès le 4, résolus de pousser jusqu'à Hannoï, la vieille capitale. A peine partis, une barque
montée par des indigènes catholiques vint à leur
rencontre et les pria de descendre un instant dans
un village, à la porte duquel un provincial de
l'ordre des dominicains espagnols, le père Masso,
les attendait pour leur faire fête. Le clergé indigène en costume, suivi d'une multitude d'enfants
aux vêtements bariolés, portant des bannières, des
oriflammes, avec des gongs et des tambours, vint
les recevoir au débarcadère de la mission. Nos

voyageurs trouvèrent là M. Colomer, évêque espagnol, et de plus un succulent déjeuner avec des vins d'Espagne. On y laissa l'évêque français, M. Gauthier, qui depuis son départ de Hongueu n'avait point voulu quitter le commandant du *Bourayne*, et auquel revenait sans doute la plus grande partie de toutes ces démonstrations. Chaque soir, il fallait s'arrêter afin de laisser reposer les hommes, que le travail à la rame fatiguait un peu ; on choisissait pour s'abriter une bonne pagode, dans laquelle chacun s'installait le plus confortablement possible. Lorsqu'il n'y avait pas en vue quelque temple hospitalier, les berges servaient de lieu de campement ; les habitants des villages voisins se hâtaient d'apporter à nos marins de la paille, de l'eau, tout ce dont ils avaient besoin ; comme ces petites fournitures étaient payées avec une grande ponctualité, l'accord régna toujours entre l'équipage et les paisibles riverains. Le 6 novembre, à trois heures, l'expédition quittait le canal qu'elle avait pris au sortir de Cuacam pour entrer dans le Song-koï ; deux heures après, elle était devant Hannoï.

Le fleuve Rouge, d'après l'intéressant rapport du commandant du *Bourayne*, est large de 400 à 500 mètres à l'endroit où aboutit le canal, et d'une profondeur de 6 à 10. Il laisse dans son parcours de nombreux bancs de sable ferrugineux à découvert; les eaux en sont épaisses, d'une couleur hautement carminée, et c'est probablement à cette particularité que la rivière doit le nom que lui donnent les Tonkinois. Devant Hannoï, le Song-koï est large de 1,000 à 1,500 mètres; mais la profondeur n'est malheureusement que de 5 mètres, ce qui est dû sans doute à la division des eaux en deux bras. Quant à l'étendue que la capitale occupe sur la rive, elle est de 4 à 5 kilomètres; sur la rade règne cette fiévreuse activité, ce mouvement incessant de jonques et d'embarcations que l'on remarque dans tous les ports de l'extrême Orient; les pétards, les vibrations du gong, y déchirent les oreilles des Européens, comme si l'on se trouvait en rade de Canton ou de Shanghaï.

Des troupes annamites attendaient à leur débarquement nos compatriotes et leur firent cortége jusqu'au *Conq-Quam*, l'hôtellerie des étrangers. Pour y arriver, il leur fallut traverser la ville, marcher pendant quatre kilomètres au milieu d'une population avide de voir les « barbares » d'Occident. C'est à coups de rotin, hélas ! que nos matelots réprimaient cette curiosité, excessive il est vrai, mais partout bien naturelle sans doute lorsqu'on songe à la fièvre qui poussait les badauds sous les pas du shah de Perse. Je sais que c'est le bâton qui est notre habituel argument contre l'importunité des Asiatiques, mais je déplore ces violences, et, pour ma part, je ne les ai jamais employées. Dans les rues de Canton, quelques mois après la prise de cette ville, sur les montagnes du Marivelès aux Philippines, je me suis vu entouré par beaucoup de Chinois, de Tagales et de Négritos, et c'est par la douceur, en provoquant une gaieté facile à faire naître, que j'ai tenu éloignés mes visiteurs trop impétueux. Le missionnaire n'emploie jamais le bambou pour se faire accepter des populations chinoises ou annamites; seul et sans défense, il réside paisiblement au milieu d'elles quand la persécution ordonnée par les mandarins ne sévit pas contre lui.

Nous ne suivrons pas le commandant du *Bourayne* et ses compagnons dans la visite qu'ils firent au gouverneur de Bac-ninh, visite qui, par suite de la grossièreté de quelques soldats chinois au service de l'Annam, faillit dégénérer en drame sanglant; nous dirons seulement que la citadelle qui commande la ville, composée de 500 à 600 maisons, n'a aucune valeur, qu'elle est dominée par des collines hautes de 800 à 1,500 mètres, et dé-

fendue par une douzaine de canons oxydés. Le gouverneur, dont l'accueil fut parfait, quoique ayant
dans la contrée la réputation d'un homme éclairé
et intelligent, ne savait pourtant rien, dit M. Senez,
de son pays, tant au point de vûe politique et commercial que géographique. Il en est ainsi de la
plupart de ces hauts fonctionnaires.

De retour à bord le 15 novembre, on repartait le
16 pour aller à Quan-yen en passant de Cuacam
au Bac-dangian par un *arroyo* vaste et profond. La
rivière de Bac-dangian est une grande voie intérieure, large de 5 à 7 kilomètres, avec des profondeurs variables de 5 à 20 mètres. A Quan-yen, les
explorateurs furent une fois encore bien accueillis
par le mandarin Le-Tuam, ancien ministre des
affaires étrangères à Hué, aujourd'hui général
d'armée. La ville est sans importance, la citadelle
sans solidité ; aussi dès le lendemain nos compatriotes regagnaient leur bâtiment. Le 24, le *Bourayne* passait le détroit d'Hainan, et le 27 on jetait
l'ancre devant Hongkong, ayant, dans un voyage
qui avait duré cinquante jours, exploré tout le
littoral du Tonkin, visité ses principales villes,
coulé sept jonques portant plus de cent canons
et donné la mort à 500 bandits. Lorsqu'un souverain d'Asie permet ou demande qu'on fasse une

pareille police dans ses Etats, il est facile de prévoir que ce souverain sera prochainement déposs-
sédé sans qu'on ait besoin de recourir à l'emploi
des armes.

# II

La cité du Dragon rouge. — Les typhons. — Les canards aux
œufs d'or. — Mines. — Conseils aux émigrants. — L'éléphant
vénéré comme à Siam. — Les hommes à long nez. — Trente-
deux variétés de lèpre. — Accusation imméritée de cruauté. —
Effet du despotisme. — Villages de voleurs. — Connaissances
musicales des Hindous. — Les marionnettes. — Commerce. —
Le traité entre la France et le Tonkin.

L'empire d'Annam, situé dans la presqu'île de
l'Indo-Chine, au-delà du Gange, est composé d'une
partie de la Cochinchine, du Tonkin, du Ciampa et
de quelques lambeaux de la province du Laos. Nous
n'avons à parler aujourd'hui que du Tonkin, dont
les frontières n'ont jamais été bien exactement
limitées ; sur de bonnes cartes, on les trouvera
figurées du 18ᵉ jusqu'au 22ᵉ degré de latitude sep-
tentrionale. Le Tonkin proprement dit est donc
borné au nord par la Chine, à l'est par la mer, au
sud par la province du Ciampa, à l'ouest par l'Annam. La capitale est Hannoï ou Kécho, c'est-à-

dire le « Grand-Marché ; » dans la langue officielle, on l'appelle encore Than-long-Than, ce qui signifie la « Cité du Dragon rouge. » Edifiée au VII<sup>e</sup> siècle, lorsque la contrée dépendait encore de la Chine, cette ville fut abandonnée par le premier roi de la dynastie Dinh, vers l'an 900, mais pour redevenir capitale jusqu'au moment où les monarques annamites établirent leur résidence dans la Haute Cochinchine, à Hué. Elle compte aujourd'hui 100,000 habitants.

Le Tonkin doit à la chaîne de montagnes côtières qui l'enferment de l'ouest jusqu'au littoral, sur une longueur de 20 lieues, ainsi qu'à sa frontière montagneuse du nord, le nombre exceptionnel de ses *songs* ou fleuves. Le principal de ces cours d'eau est le Song-koï ou fleuve Rouge, qui prend sa source dans les contre-forts de l'Himalaya, parcourt une partie du Yunnan sous le nom de Hoti-kiang, descend jusqu'à Hannoï, et vient se jeter à la mer, divisé en plusieurs bras, à Cuacam, presque au centre du golfe. Un autre fleuve ayant la même provenance se dirige vers l'ouest et porte le nom de Ly-sien-kiang. Les bouches du Sang-koï sont le Daï, le Lak, le Ba-lat et le Traby. La barre du Song-koï, comme la généralité des barres des grandes rivières, est formidable, très-dangereuse

par un gros temps, et la canonnière française *l'Arc*
s'y est récemment échouée. Les plus grandes jonques de Chine peuvent sans difficulté remonter
jusqu'à Hannoï; il y a deux cents ans, les Hollandais, avec les lourds bâtiments de cette époque,
purent même aller jusqu'à quelques lieues de la
capitale remorqués à la cordelle par les villageois
riverains.

Dans un pays comme le Tonkin, où la culture du
riz est en grande faveur, les larges voies de terre
n'existent pour ainsi dire pas. Cependant il y a une
fort belle chaussée de Kecho à Hué, et il faudrait
peu de travaux pour la rendre carrossable. Les
routes sont plus avantageusement remplacées par
des « chemins qui marchent, » selon l'expression
pittoresque de Pascal, c'est-à-dire par des rivières,
des canaux ou de simples *arroyos*. En toute saison,
l'indigène voyage aisément pieds nus sur les berges
glissantes; mais l'Européen, avec sa forte chaus-
sure, son lourd accoutrement, éprouve une difficulté réelle à s'y maintenir. Nous ne conseillerions
jamais à une troupe nombreuse de s'y aventurer:
l'attaque, la défense et la retraite seront toujours
impossibles sur ces étroits sentiers, autour desquels
s'exhalent des vapeurs malsaines lorsque le riz
commence à lever, c'est-à-dire quand le soleil

échauffe les eaux croupissantes qui sont nécessaires à la germination ; mais tout n'est pas rizière
au Tonkin, et les plaines les plus fertiles sont entourées d'escarpements élevés et de montagnes où
règne une splendide végétation tropicale. L'aréquier, avec son joli panache et son régime doré, sa
tige droite et élancée, coupe partout gracieuse-
ment la ligne monotone des rizières vertes ou
blondes selon la saison ; même dans les plaines, la
température n'est pas excessive pour les Européens.
Des orangers presque toujours en fleurs, grands
comme des chênes verts d'Italie, parfument la
brise qui chaque nuit souffle de terre ; dans le jour,
un vent léger vient de la mer et rend la chaleur fort
supportable. On peut donc voyager dans cette contrée, en somme tempérée, sans crainte d'insolation,
si l'on ne commet pas l'imprudence d'exposer,
même pendant l'espace d'une seconde, sa tête nue
au soleil. C'est là le grand avantage que le Tonkin
offre sur la Cochinchine, et si la possession de la
première de ces provinces est désirable, c'est afin
de pouvoir établir dans la montagne, pour nos
compatriotes malades, des stations aérées où ils
pourront retrouver les forces perdues à la suite
d'un trop long séjour dans notre malsaine possession du sud. M. le docteur Harmand, médecin de

la marine, a constaté dans les premiers jours de novembre les observations thermométriques suivantes : à 6 heures du matin, 19° 1 ; 10 h., 21° 3 ; 2 h. soir, 22° 5 ; 10 h., 23. — En décembre, le thermomètre marquait 7 ou 8 degrés le matin et de 15 à 20 dans la journée. Enfin dans les mois de janvier, février et mars, la température tombait à 5 et 6° avec un vent du nord piquant pour les personnes qui ont résidé longtemps dans la Cochinchine française. L'été qui vient ensuite est chaud et pénible pendant trois mois seulement.

Comme dans tous les pays tropicaux, il n'y a réellement, dans cette partie de l'Indo-Chine, que deux saisons, l'une de pluies, l'autre de sécheresse ; la première commence en mai et finit en août. En octobre et en novembre, les ouragans et les typhons désolent tous les ans les malheureuses côtes de ce pays. Aussitôt que l'approche du fléau est signalée, les petites embarcations, comme une volée d'étourneaux surpris, regagnent en toute hâte la côte et vont s'abriter dans les rivières, le plus loin possible de la mer. Dans les maisons, de fortes poutres sont placées debout, derrière les cloisons qui font face à la tourmente, dans la crainte que le vent ne s'y engouffre et ne les renverse de fond en comble. Dès que le typhon avec ses nuées grises, lacérées d'éclairs, disparaît, le peuple sort en foule dans les rues, en poussant de grands cris, avide de contempler les dégâts ; puis presque aussitôt, avec le calme asiatique qui le caractérise, il se remet patiemment à relever ses réduits en bambous, qu'un nouvel ouragan peut demain jeter sur le sol. Les tremblements de terre se font à peine sentir dans cette zone, limitée pourtant à l'est et au nord par de grandes montagnes. On se souvient encore cependant qu'en 1800 la mer fit soudainement irruption sur le littoral, s'avançant jusqu'à une distance de 8 kilomètres dans les terres ; elle ne se retira qu'après quinze heures d'un épouvantable séjour, balayant dans sa retraite des hommes et des animaux, et transformant en une plaine fangeuse les emplacements occupés la veille par de populeux villages.

Si dans les plaines le sol est gras, limoneux, et doit sa fertilité aux alluvions que de nombreux cours d'eau lui apportent, les montagnes sont en général formées d'entassements de granit et de syénite. Les contre-forts donnent du quartz, du marbre et des roches calcaires. Les mines d'or et d'argent sont situées à l'ouest du Tonkin ; on ignore ce que donnent les premières, exploitées par l'empereur ; les secondes produisent annuellement 6,000 kilogrammes d'argent environ. Il y a des cantons, dit M. l'abbé Richard, où l'or doit être fort abondant, puisque l'on y nourrit des canards pour le seul profit de l'or que l'on retire de leurs excréments. Qui a jamais vu un pareil système de nettoyage appliqué aux pépites d'or ? Comment croire aussi le père Diego Avvarte, débarqué le premier en 1596 sur les côtes de Cochinchine, lorsqu'il déclare avoir trouvé une grande croix sur le rivage, plantée là avant l'arrivée d'aucun missionnaire connu?

L'étain, le zinc et le cuivre se trouvent au nord, dans les soulèvements qui forment la frontière du Tonkin. J'ai eu sous les yeux, il y a peu de jours, un échantillon de minerai de cuivre provenant de ces montagnes si grandement fécondes en métaux de toute sorte ; envoyé à Londres par les soins de M. Rémi de Montigny, ce minerai a donné 40 pour 100 de cuivre pur [1]. Si des spéculateurs hardis voulaient entreprendre là des travaux de mine, nous devons les prévenir que les Chinois leur fourniraient les bras nécessaires à ces rudes

[1]. Des échantillons de minerai de fer de la province de Yunnan, remis par M. de Montigny à notre École des mines, ont donné 97 pour 100 de peroxyde de fer, — des mattes de première fusion 37 de cuivre, 15 de plomb, 35 d'arsenic, — du minerai d'étain en poudre fine, jusqu'à 70 d'étain, — de la galène, 73 de plomb contenant 5 millièmes d'argent.

travaux ; mais quels sont les capitaux français qui oseront se risquer ? Quant à ceux de nos compatriotes sans fortune qui voudraient s'aventurer au Tonkin, nous les engageons à ne point partir dans une condition trop précaire. On se figure toujours en France que l'émigration convient aux gens pauvres, comme si la France avait, à l'exemple de l'Irlande et de quelques provinces allemandes, une pléthore d'êtres misérables, n'ayant rien à attendre d'un sol ingrat ou d'un patrimoine trop divisé. Cette croyance malheureuse est l'origine de cruelles déceptions, elle est la source de cette niaise redite, que nous ne savons pas nous enrichir dans les pays d'outre-mer comme les Anglais, les Américains, les Suisses, les Allemands savent le faire. Qui ne sait que les plus gros marchands de Londres, les armateurs de Liverpool, de La Haye et de Hambourg, les opulentes maisons américaines de Boston et de New-York, ont depuis un temps immémorial la plus grande partie de leur fortune aux Indes anglaises ou néerlandaises et en Chine ? Que nos capitalistes envoient d'intelligents et probes représentants dans ces riches contrées, et les capitaux français y feront une aussi grande figure que n'importe quels autres capitaux étrangers. Dans une colonie française née d'hier, la Nouvelle-Calédonie,

c'est un Anglais, un M. Higginson, qui tient à
Nouméa le haut du pavé commercial. Sait-on comment il est venu là? Avec des bateaux à vapeur et
de l'argent de plusieurs grandes maisons de Sydney.
Nos compatriotes y débarquent en général avec la
trousse de Figaro, les plus riches avec une malle
qu'ils portent gaîment eux-mêmes sur leurs épaules.

Indépendamment du riz, dont on fait deux récoltes par an, en juillet et novembre, on cultive encore
au Tonkin le maïs, qui vient fort bien dans les terrains privés d'eau ; on y trouve l'igname, la patate
et la pomme de terre. Il y a une quantité de légu-
mes très-différents de ceux d'Europe. M. de La Bissachère, un missionnaire, assure qu'il croît au
Tonkin, sous la fiente de l'éléphant, un champi-
gnon de la forme et de la couleur d'une noix pleine
de trous ; croquant sous la dent, d'une saveur
exquise, il est réservé à la table de l'empereur.
N'est-ce pas notre morille de France, le délicat
cryptogame tant vanté par Brillat-Savarin? Le blé
et la vigne n'ont jamais pu réussir. Le bambou
pousse partout comme en Chine ; on en fait des
charrues, des herses, des pioches, des engins de
pêche, des lances, des briquets, des instruments
de musique, des siéges, du papier, des maisons
entières. Le cocotier, le mûrier blanc, l'arbre à

thé, le tabac, le bétel, le bananier, l'ananas, s'y trouvent abondamment comme dans tous les pays intertropicaux. La flore d'Europe n'y est représentée que par le muguet et le rosier. Les hauteurs, partout boisées, recèlent des essences d'une grande richesse, et dont quelques-unes sont peut-être encore ignorées de nos savants malgré les ouvrages de Loureiro et de Taberg, puisque jusqu'à présent pas un naturaliste n'a pu séjourner dans les hautes régions peuplées de tigres pour y étudier à loisir. Citons pourtant, parmi les bois les plus célèbres dans le pays, le teck, l'arbre à vernis, et celui qu'on appelle le *bois d'aigle*; brûlé, il donne un parfum délicieux. On ne s'en sert que dans les palais et les temples, et l'empereur se l'est réservé pendant de longues années pour son usage et celui de ses dieux. Il en est de même de la cannelle, que l'on cultive dans la province de Thanh-Hoa. Elle est, paraît-il, d'une énergie tonique extraordinaire, et employée avec beaucoup d'efficacité pour les maladies d'yeux. Un missionnaire nous a assuré que son prix n'est guère inférieur à celui de l'or, et atteint la valeur de 100 francs l'once.

S'il est une contrée où le fauve dispute à l'homme le droit de séjour sur la terre qui ensemble les voit naître, c'est bien au Tonkin. Nous avons déjà dit combien les tigres, toujours insatiables de chair humaine, sont nombreux sur le littoral ; dans les montagnes aux forêts sombres, dans les plaines, partout où le jungle se couvre de sinistres roseaux, on trouve encore ces féroces carnassiers à l'affût de l'homme ou du cerf. L'éléphant sauvage, le buffle, le rhinocéros, le sanglier, le porc-épic, des singes d'une variété infinie sont aussi des ennemis contre lesquels l'indigène soutient une lutte sans trêve. En une seule nuit, toute une récolte de riz, de canne à sucre et de fruits peut disparaître à la suite de l'invasion inattendue de ces nocturnes ravageurs. Les plus malfaisants d'entre eux sont toujours les singes. Nous en avons vu dans un champ de cannes à sucre une bande nombreuse ; rassasiés outre mesure, leurs petits ventres rebondis, de leurs doigts infatigables ils cassaient la jeune tige des succulentes graminées sans même l'approcher de leurs bouches repues. C'est avec de grands cris, les vibrations du gong, des torches, qu'on met tous ces pillards en fuite ; mais, en attendant que les récoltes soient rentrées, que de nuits passées sans sommeil par les pauvres agriculteurs !

Soumis au joug, l'éléphant, le buffle, le bœuf sauvage, deviennent en très peu de temps les serviteurs de l'homme. Il paraît que c'est au Laos que naissent les éléphants les plus remarquables par leur intelligence. Il est défendu aux indigènes de les chasser. Faut-il en grande pompe promener un souverain assis sur un trône d'or, marcher contre les ennemis du maître, être vénéré à l'égal d'une divinité comme à Siam, écraser sous ses pieds puissants le corps d'un misérable, l'éléphant deviendra tour à tour porteur solennel, foudre de guerre, dieu ou bourreau cruel. Il y aura une époque critique, une fois tous les deux ans, où le noble animal n'obéira qu'à regret à son fidèle cornac : c'est lorsque l'amour viendra loger dans sa grosse tête. Alors il se fait méchant, indocile, ingrat pour son éleveur ; mais, cette fièvre passée, l'éléphant redevient le plus doux et le plus inoffensif des pachydermes.

Le cheval est de petite taille comme celui de Singapour et de Batavia. La forme, ordinairement chétive, reprend toute sa grâce dès que l'animal est reposé et bien nourri. On ne s'en sert pas pour l'agriculture ou le transport des denrées ; il est monté par les mandarins ou les riches négociants du Tonkin. On trouve dans les montagnes de l'ouest un ours de petite taille, l'axis au pelage roux clair, parsemé d'étoiles blanches, la gazelle et le renard.

Dans les plaines, point de lièvres, point de moutons ; mais les basses-cours y sont mieux fournies de poules, d'oies, de cochons et de canards que la plupart de nos fermes d'Europe. Les abeilles déposent au hasard, soit dans les creux de rochers, soit dans les cavités d'un arbre mort, un miel blanc et parfumé ; on n'en connaît pas de commun, c'est-à-dire à couleur jaune. Les sauterelles, aussi malfaisantes qu'en Algérie, sont mangées frites et blanches de sel ; j'avoue y avoir goûté aux îles Soulou sans être écœuré.

Dans un pays traversé par tant de cours d'eau, baigné en grande partie par une mer aux ondes tièdes, les poissons abondent et fournissent aux habitants leur nourriture principale. On trouve des poissons dans l'eau des rivières en aussi grand nombre que dans les fleuves, et l'art de la pêche est aussi bien entendu au Tonkin qu'il peut l'être sur le littoral chinois. La sardine et la morue sont excessivement abondantes. Les indigènes prétendent qu'un poisson mangé deux fois préserve du mal de mer. Quelque étrange que cela paraisse, le fait est affirmé par le père de Rhodes dans ses *Voyages et missions*, voici en quels termes : « Je crois qu'on trouvera bon que je mette ici un beau secret que les chrétiens de la Cochinchine m'ont enseigné pour n'avoir pas cette incommodité d'estomac qui est fort commune à ceux qui vont sur la mer. Il faut prendre un de ces poissons qui ont été dévorés et que l'on trouve dans le ventre des autres poissons, le bien rôtir, y mettre un peu de poivre et le manger en entrant dans le navire ; cela donne tant de vigueur à l'estomac qu'il va sur mer sans être ébranlé. Je trouvai ce secret fort beau ; je m'en suis servi depuis, et je n'ai jamais ressenti aucune atteinte de ce mal, qui jusque-là m'avait été très-fâcheux. » Il est probable qu'après avoir beaucoup navigué Mgr de Rhodes s'était habitué à la mer.

Dans les montagnes, on rencontre des tortues énormes allant rarement à l'eau et se nourrissant d'herbes communes ; d'autres, également colossales, se tiennent au bord des rivières, cachées dans les creux des berges, où elles vivent des corps en décomposition que le courant leur apporte. Celle qui porte le nom de tortue-caret donne une écaille fort recherchée. Parmi les oiseaux que nous avons en Europe, on retrouve au Tonkin le moineau, la caille, la bécassine et la tourterelle d'une variété admirable de plumage ; la plus belle est celle aux éclatantes couleurs rouges et vertes ; la cage lui est mortelle. Il en est de même des colibris, qu'on ne peut garder, faute de pouvoir leur donner les pe-

tites chenilles dont ils se nourrissent et auxquelles
ils font habituellement la chasse sur les arbrisseaux.
L'aigle est petit; le vautour, par contre, est énorme,
comme dans tous les pays où l'enfouissement des
charognes n'est pas jugé nécessaire. Si un homme
malade est abandonné couché et à découvert dans
un champ de riz ou sur une plage déserte, une volée
de vautours ne tardera pas à s'abattre sur lui et à
l'achever à coups de bec et d'ongles. Sur tout le littoral, au bord des fleuves, l'épervier est dressé fort
habilement pour la pêche ; sur les falaises les plus
escarpées, la petite hirondelle de mer ou salangane
bâtit le nid dont la succulente néossine fait les dé-
lices des fines bouches chinoises.

Les habitants du Tonkin sont remarquables par la
pureté de leur type mongol. Leurs figures sont
plus larges et moins longues que celles des Européens ; les joues sont proéminentes, les nez courts,
les yeux petits et enfoncés, les cheveux longs,
mous, ne frisant jamais, la peau pâle, jaunâtre,
mais en réalité moins brune que celle des Cochinchinois. Du reste, dans les deux pays, les hommes
et les femmes que leurs travaux n'exposent pas au
soleil ont une peau dont la blancheur égale
presque celle des Occidentaux. Quoique d'origine
chinoise, les Tonkinois ont le nez plus saillant que

celui des *Célestes*; on ne nous y désigne que par
l'épithète « d'hommes à long nez. » Les femmes
ne manqueraient pas d'une certaine beauté dans
leur jeunesse si, comme au Japon, elles n'avaient
la funeste habitude de se noircir les dents, de se
rougir les lèvres, et de mâcher le bétel. Il faut un
certain courage, une longue habitude du pays pour
s'habituer à supporter l'odeur nauséabonde de cette
mastication d'un usage général chez les deux sexes.
Les yeux des Tonkinoises sont plus obliquement
fendus que ceux des hommes ; très-noirs, ils ont
une expression animée, vive ; le corps des femmes
du Tonkin est plus blanc que celui des femmes de
la Cochinchine : aussi les premières sont préférées
des galants annamites qui ont la prétention d'aimer le beau. Nubiles à douze ans, elles sont d'une
fécondité extraordinaire, très-naturelle chez un
peuple ichthyophage. Il naît plus de filles que de
garçons ; c'est le contraire dans le Laos et dans le
nord. Les mères, sans exception, nourrissent leurs
enfants ; si l'une d'elles vient à mourir, c'est une
des proches parentes de la défunte qui allaite l'or-
phelin.

Les maladies les plus communes, les plus à redouter, sont la dyssenterie et la fièvre ; mais elles
sont moins fréquentes qu'à Saïgon. La lèpre y

compte trente-deux variétés. Il en est une horrible qui ronge les doigts des pieds et des mains, et attaque jusqu'aux nerfs, qui se retirent. La plus singulière des infirmités, mais celle-là inoffensive, est celle qui donné aux cheveux de quelques jeunes Tonkinois une blancheur anticipée et à leur corps la couleur d'un linceul blanc. Pour ne point déparer l'uniformité des couleurs qui doit régner dans une belle armée, les Annamites voués ainsi au blanc par la nature sont de droit exemptés du service militaire.

Dans un pays où l'on raconte que les grands singes ne parlent pas afin de ne point payer d'impôt, où l'on a tout intérêt à cacher le nombre des naissances, il est bien difficile de connaître le chiffre exact de la population. En 1812, M. de la Bissachère évalue celle du Tonkin à 18 millions d'habitants ; de nos jours, on l'évalue à 25 ; un évêque de la Cochinchine, M. Pellerin, a porté à 30 millions la population totale placée sous le gouvernement de Tu-Duc ; enfin M. Retord, en 1851, assurait que, dans la juridiction apostolique de l'une des provinces tonkinoises, il avait compté 3,900 âmes par lieue carrée, d'où il faudrait conclure que la France est trois fois moins peuplée. Quant à la cause d'une pareille densité de population, il faut la

chercher dans ce fait que le poisson est la nourriture principale des Annamites, et peut-être aussi
dans l'usage de la polygamie, comme moyen d'ac-
croître la famille. On trouve là, m'a dit à Manille
un missionnaire espagnol qui avait résidé longtemps
dans les environs de Tourane, des hommes toujours
disposés à épouser les filles enceintes d'un autre,
par le seul désir de laisser une postérité plus grande.
On a vu des vieillards, chefs de familles, réunir
autour d'eux des fils, des petits-fils et des arrière-
petits-fils au nombre de quatre-vingts ; mais est-il
besoin de dire, surtout à des lecteurs français, qu'il
faut être riche pour jouir du spectacle d'une pareille lignée ?

Comme tous les Asiatiques, l'Annamite a moins
d'imagination que d'adresse ; ainsi que chez le
Chinois, l'imitation l'emportera sur l'invention ;
donnez à l'un et à l'autre un objet à copier, ils en
reproduiront fidèlement jusqu'aux défauts et aux
taches. Le caractère du peuple est doux, porté aux
plaisirs et à la bienfaisance. Le proverbe le plus
usité dans les familles est celui-ci : « La nature est
généreuse, il faut l'imiter. » Les fils ont pour leurs
pères âgés des attentions touchantes ; comme chez
les Chinois, on professe pour les ancêtres une espèce de culte, et nous avons vu que quelques pa-

triarches jouissaient vivants du doux privilége de
voir autour d'eux les hommes de deux ou trois
générations. La femme n'est point tenue prisonnière
dans un harem et n'a point les pieds mutilés. Elle y
est très-recherchée, lorsqu'elle est dans une condition de santé promettant la fécondité. On n'attache
guère de prix à la virginité. Une femme peut avoir
été violée, et malgré ce fait, considéré comme un
simple accident, elle n'en est pas moins recherchée
en mariage, s'il n'y a pas eu de sa faute, ou même
quand il y en aurait eu un peu sans scandale. Tout
récemment, dans une de nos sociétés savantes, on
accusait les populations du Tonkin et de la Chine
d'une cruauté naturelle qui dépasserait tout ce que
l'imagination peut rêver de plus atroce en tortures.
C'est une accusation imméritée. Il y a certainement dans l'extrême Orient des hommes dont le
métier est de prolonger *par ordre* les souffrances
des criminels, de désarticuler ou de dépecer un
patient avec un raffinement cruel, mais faut-il en
conclure que tous les Asiatiques aiment à faire
souffrir? Si une terre a été arrosée du sang des
martyrs chrétiens, c'est bien celle dont nous par-
lons; qu'on lise les récits des missionnaires qui
ont survécu à de si nombreuses persécutions, et on
verra que les Annamites sont dépeints sous les

traits les plus doux. A la suite de l'expédition de
M. F. Garnier, on se rappelle que cent villages ont
été brûlés et que cinq cents Tonkinois ont été as-
sassinés ; on les accusait d'avoir accueilli favora-
blement les Français et d'aimer les chrétiens. Qui
a ordonné ces incendies et ces massacres ? Ce sont
les mandarins, les gouverneurs, des fonctionnaires
du plus haut rang ; voilà les vrais coupables. Ce
qu'il faut reprocher en réalité aux Asiatiques, c'est
une douceur passive qui leur fait tout accepter, al-
tère les instincts nobles, dégrade leurs facultés,
les habitue enfin à la soumission servile, et déve-
loppe en eux une indifférence complète pour tout
ce qui est liberté, instruction, initiative individuelle
et progrès. Voilà dans quel abaissement le despotisme d'un seul souverain comme Tu-Duc peut jeter
une nation de plusieurs millions d'hommes.

Les arts, l'industrie, sont peu développés chez un
peuple à ce point effacé. S'il excelle dans les constructions navales, grâce aux magnifiques bois qu'il
trouve partout, les voiles, les cordages, sont faits
avec des feuilles d'arbres et des fibres de bambous
qui, après quelques heures de pluie, se décompo-
sent ou se rompent. Le papier est fabriqué également avec des écorces d'arbrisseaux ; la pâte,
rouie, couverte de chaux, séchée, jetée dans des

moules formés de fils d'acier très-fin, finit par donner un produit sans solidité ni durée, très-inférieur à celui de la Chine. L'encre, composée de suie et de graisse, manque de cohésion. Le cuir est mal tanné. Les étoffes, dont la confection est principalement réservée aux femmes, ne manquent pas d'une certaine finesse. Le coton n'est filé que la nuit, l'expérience ayant démontré que, pour ce travail, l'humidité est préférable à la sécheresse. Malheureusement on ne sait pas donner la couleur aux tissus. La fabrication des soies est supérieure à celle de la Chine, et les taffetas, les satins, sont remarquables par leur durée ; mais pas un fabricant ne sait comment s'obtient la moire, ni comment on donne une nuance aux dessins. La fabrication du verre y est inconnue : ignorance singulière, partagée par tous les *Célestes*. Point d'horloges, pas de sabliers, on mesure le temps au moyen de petites boules creuses en cuivre percées d'un petit trou. On les jette dans un vase plein d'eau, et lorsqu'elles sont remplies par l'infiltration, la descente de la boule au fond du bassin indique qu'une heure annamite, égale en durée à deux de nos quarts d'heure, vient de s'écouler.

Chaque village, comme chaque rue d'une ville chinoise, a sa spécialité de fabrication. Il y en a

qui ne sont composés que de voleurs ou de pirates.
S'il s'y trouve un ouvrier excellent, l'empereur ou
même un gros mandarin le fait appeler à la cour, et
le trop habile artisan est contraint pendant un certain nombre d'années de travailler gratuitement
pour ses seigneurs et maîtres. Le voyageur Crawfurd,
qui en 1822 a visité la Cochinchine en qualité d'envoyé extraordinaire du gouvernement des Indes-
Orientales, prétend que les objets laqués fabriqués
au Tonkin sont d'un travail très-achevé et supérieur à tout ce qui se fait en ce genre au Japon ;
il faut qu'il ait regardé d'un œil bien favorable les
boîtes à bétel des Tonkinois et qu'il n'ait jamais vu
celles du Japon. M. Laplace, capitaine de vaisseau,
commandant la *Favorite* en 1831 et depuis amiral,
quoique ayant visité Tourane plusieurs fois, n'a jamais parlé de ces laques merveilleux. La supériorité des Japonais dans l'art de vernir les bois ne
saurait être contestée ; pour nous, il est évident
qu'ils l'emportent même sur les Chinois, leurs ha-
biles rivaux. Mais où les Tonkinois n'ont pas de
rivaux, c'est dans leurs meubles incrustés de nacre.
Il est impossible d'imaginer des imitations de
fleurs plus délicates et des dessins plus artistiques.

Quelques citadelles, des palais en ruines, beaucoup de pagodes sont les seuls édifices qui dénotent

une certaine intelligence de construction; mais, on le sait déjà, la plus grande partie des places fortes est due à des ingénieurs français venus dans cette partie de l'Indo-Chine de 1790 à 1819, sous le règne mémorable de Gialong. Si les colonnes de plusieurs palais sont en beaux marbres, elles n'ont ni piédestal ni chapiteau. Les pagodes sont misérables, les idoles d'une uniformité désespérante. La peinture y est complétement arriérée; elle affiche un superbe dédain pour la perspective, les proportions, les ombres et le clair-obscur. Au lieu de reproduire les hommes et les animaux sous leur forme la plus noble, le peintre ne se plaît qu'aux transformations hideuses et grotesques de tous les êtres; son seul mérite est de ne point créer d'images licencieuses comme en inventent à profusion les dessinateurs japonais et chinois. Si quelques portraits décorent l'habitation d'un riche indigène, soyez persuadé que ce sont les images d'ancêtres grands dans leur pays ou utiles à leur patrie.

Les habitants du Tonkin ont l'oreille fort juste; ils aiment à chanter, mais ne s'accompagnent pas de la mandoline à une corde, que les artistes lyriques portent habituellement avec eux. On n'en tire des vibrations que lorsque le chant est fini, mais les voix s'accordent toujours avec les sons de l'instrument. Le violon n'a qu'une corde ; deux morceaux de bois ronds, que l'on frappe l'un contre l'autre, forment les cymbales. On connaît au Tonkin le fifre, le hautbois et la flûte; inutile d'ajouter que tous les instruments à vent sont façonnés très-ingénieusement à l'aide de bambous de différentes grosseurs. Plus les musiciens soufflent fort et font du bruit, plus la musique paraît excellente aux indigènes. Quelle différence avec les anciens Hindous, qui, assure-t-on, connaissaient trente-six genres différents de mélodies, dont chacun correspondait à une saison de l'année, au jour, à la nuit, aux heures, à l'état de l'atmosphère, à toutes les situations de la vie !

Il y a des théâtres dans les principales villes, mais en général on y chante ce qui doit être parlé, et *vice versa*. Les pièces sont grivoises. Dans la province voisine du Laos, les marionnettes sont fort goûtées, et c'est de là que partent tous les nomades comédiens qui parcourent joyeusement l'Indo-Chine. Les danses diffèrent complétement de celles d'Europe; le meilleur danseur est celui qui, le corps roide, les jambes immobiles, remue les bras avec une grande vivacité dans toutes les directions. Le sublime du genre est de conserver sur la tête, sans en rien répandre, un vase plein d'huile garnie d'une mèche enflammée. Ajoutons qu'on danse au Tonkin non pas pour son plaisir, mais en vue de celui des autres, et qu'un danseur ne paraît jamais que sur les planches d'un théâtre.

Avec un gouvernement despotique comme celui de Tu-Duc, le commerce intérieur et extérieur est de bien peu d'importance. Très-longtemps le riz, qui est la principale production du pays, est resté un produit prohibé à l'exportation; autorisé à la sortie pendant quelques années, l'empereur Tu-Duc vient encore, depuis la famine qui sévit aux Indes anglaises, d'en interdire l'exportation. Les jonques chinoises allant, — lorsque les pirates le permettent, — à Trali, à Haï-dzung, à Kécho, et qui sont parties de Canton, d'Hainam ou d'autres ports du Céleste-Empire, apportent au Tonkin du thé commun, du sucre candi, un peu de farine, des drogues pharmaceutiques, des étoffes de soie ornées de dessins ou de fleurs, de la porcelaine, de la grosse batterie de cuisine et un peu de quincaillerie. Le commerce français pourrait dès aujourd'hui y envoyer des armes blanches et des armes à feu, de la poudre, du drap rouge, des miroirs, de la bimbeloterie; point d'objets d'art, mais des vases en porcelaine garnis de fleurs artificielles, des horloges de Franche-Comté et des montres en argent à très-bon marché, du corail en chapelet, — le plus rouge sera le plus estimé, — des tabatières à musique, des tambours d'ancien modèle, des grosses caisses, de la parfumerie commune, enfin des caisses en fer d'un petit volume servant à renfermer des bijoux, de l'or ou de l'argent. Il est plus difficile d'indiquer les objets qui pourraient dès à présent donner un chargement de retour, surtout si l'exploitation du riz continue à être prohibée; mais Tu-Duc, obligé d'entrer en composition avec nous, sera bientôt contraint d'adopter des idées plus larges en matière commerciale, et alors, indépendamment du riz qu'on pourra charger pour le nord de la Chine, Pulo-Penang, Singapour, Batavia, les Philippines et Calcutta, on trouvera dans les ports du Tonkin des peaux et des cornes d'animaux, de l'huile de coco, de la cire, du vernis, des gommes, du coton, de la soie, de la cannelle, des poissons salés, et enfin, dans un temps prochain, nous l'espérons du moins, les riches minerais, les soies, les thés, qui, provenant du nord de la Chine, prendront la voie du fleuve Rouge jusqu'à son embouchure dans le golfe du Tonkin.

Le débloquement des ports de l'Annam par le *Bourayne*, le parcours de la mer à Yunnan opéré pour la première fois par des Français, sont des

titres, il faut le répéter, qui nous assurent sur
toutes ces contrées une situation exceptionnellement favorable. En dehors des intérêts particuliers
de la France, le commerce en général doit tirer un
grand profit de la voie tracée par nos compatriotes.
La chambre de commerce de Hongkong, qui avait
envoyé infructueusement un M. Michell Moss à la
découverte de cette même route, invite déjà les
Anglais à faire leurs préparatifs pour l'exploiter. Il
reste à savoir si la cour de Pékin autorisera cependant les bateaux à vapeur étrangers à naviguer au
nord de son empire, dans cette partie du Yunnan
qu'arrosent les rivières Kinsha et Min avant de se
confondre dans le grand fleuve Yang-tse-kiang. De
cette concession dépend tout l'avenir du Song-koï,
et nous affirmons qu'elle n'a point encore été accordée. Très-probablement une demande de libre
navigation sur le Yang-tse-kiang et ses affluents
aura été déjà formulée à Pékin par notre ministre,
M. de Geoffroy, et il est hors de doute qu'elle ne
soit appuyée par les délégués des autres nations
intéressées comme nous à l'obtenir. Si rien n'avait
été fait à ce sujet, il faudrait se hâter.

Nous croyons avoir démontré que les produits du
Yunnan et du Szechuen, au lieu de s'écouler à
l'ouest vers l'Europe par l'antique route de la Chine

aux Indes, modifiée par le capitaine Spryo, au lieu de suivre à l'est le haut Yang-tse-kiang pour redescendre ensuite jusqu'à Shanghaï, déboucheront, pour des raisons de temps et d'économie, par le fleuve Rouge dans le golfe du Tonkin. Une fois à Cuacam, Trali ou Catba, les marchandises auront gagné, indépendamment du temps employé à descendre à Shanghaï, un parcours de six jours, celui de ce dernier point à Hongkong, et de onze, si l'on compte le temps nécessaire pour aller en bateau à vapeur de Shanghaï à Hongkong. Or rapprocher ainsi de vingt-cinq jours environ l'Europe des précieuses productions de la Chine et du Tonkin est une tentative d'une importance réelle. Nous y voyons un riche avenir commercial et d'heureuses spéculations, si nos armateurs veulent en tirer parti et ne pas se laisser distancer, comme en Nouvelle-Calédonie, par d'actifs et intelligents compétiteurs.

# TRAITÉ

*Conclu à Saïgon le 15 mars 1874, entre la France et le royaume d'Annam et approuvé par l'Assemblée nationale le 4 août de la même année.*

Son Excellence le Président de la République Française et Sa Majesté le Roi de l'Annam, voulant unir leurs deux pays par les liens d'une amitié durable, ont résolu de conclure un traité de paix et d'alliance remplaçant celui du 5 juin 1862, et ils ont en conséquence nommé leurs plénipotentiaires à cet effet, savoir :

Son Excellence le Président de la République Française : le Contre-Amiral Dupré, gouverneur et commandant en chef de la Basse Cochinchine, Grand-Officier de l'ordre national de la Légion d'honneur, officier de l'Instruction publique, etc.,

Et Sa Majesté le Roi de l'Annam : Le Tuan, Ministre de la Justice, premier Ambassadeur, et Nguyen Van Tuong, premier Conseiller du Ministre des Rites, deuxième Ambassadeur, qui, après communication de leurs pouvoirs respectifs, trouvés en bonne et due forme, sont convenus des articles suivants :

## ARTICLE PREMIER.

Il y aura paix, amitié et alliance perpétuelles entre la France et le royaume d'Annam.

## ART. 2.

Son Excellence le Président de la République Française, reconnaissant la souveraineté du Roi de l'Annam et son entière indépendance vis-à-vis de toute puissance étrangère, quelle qu'elle soit, lui promet aide et assistance et s'engage à lui donner, sur sa demande, et gratuitement, l'appui nécessaire pour maintenir dans ses États l'ordre et la tranquillité, pour le défendre contre toute attaque, et pour détruire la piraterie qui désole une partie des côtes du royaume.

## ART. 3.

En reconnaissance de cette protection, Sa Majesté le Roi de l'Annam s'engage à conformer sa politique extérieure à celle de la France et à ne rien changer à ses relations diplomatiques actuelles.

Cet engagement politique ne s'étend pas

aux traités de commerce. Mais, dans aucun cas,
Sa Majesté le Roi de l'Annam ne pourra faire avec
une nation, quelle qu'elle soit, de traité de commerce en désaccord avec celui conclu entre la
France et le royaume d'Annam, et sans en avoir
préalablement informé le Gouvernement Français.

## ART. 4.

Son Excellence le Président de la République
Française s'engage à faire à Sa Majesté le Roi
d'Annam don gratuit :

1° De cinq bâtiments à vapeur d'une force réunie
de cinq cents chevaux, en parfait état, ainsi que
leurs chaudières et machines, armés et équipés,
conformément aux prescriptions du règlement d'armement ;

2° De cent canons de sept à seize centimètres de
diamètre approvisionnés à deux cents coups par
pièce ;

3° De mille fusils à tabatière et de cinq cent mille
cartouches ;

Ces bâtiments et armes seront rendus en Cochinchine et livrés dans le délai maximum d'un an à
partir de la date de l'échange des ratifications.

Son Excellence le Président de la République
française promet en outre de mettre à la disposition

du Roi des instructeurs militaires et marins en nombre suffisant pour reconstituer son armée et sa flotte ; 2° des ingénieurs et chefs d'ateliers capables de diriger les travaux qu'il plaira à Sa Majesté de faire entreprendre ; des hommes experts en matière de finances pour organiser le service des impôts et des douanes dans le Royaume ; des professeurs pour fonder un collége à Hué. Il promet en outre de fournir au Roi les bâtiments de guerre, les armes et les munitions que Sa Majesté jugera nécessaires à son service.

La rémunération équitable des services ainsi rendus sera fixée d'un commun accord entre les Hautes Parties Contractantes.

ART. 5.

Sa Majesté le Roi de l'Annam reconnaît la pleine et entière souveraineté de la France sur tout le territoire actuellement occupé par elle et compris entre les frontières suivantes :

A l'est, la mer de Chine et le Royaume d'Annam (province de Binh-Thûan) ;

A l'ouest, le golfe de Siam ;

Au sud, la mer de Chine ;

Au nord, le Royaume du Cambodge et le Royaume d'Annam (province de Binh-Thûan).

Les onze tombeaux de la famille Pham situés sur le territoire des villages de Tannien-Dong et de Tanquan-Dong (province de Saïgon) et les trois tombes de la famille Hô, situées sur les territoires des villages de Linh-Chun Tay et de Tan May (province de Bien-hoa) ne pourront être ouverts, creusés, violés ni détruits.

Il sera assigné un lot de terrain de cent maos d'étendue aux tombes de la famille Pham et un lot d'égale étendue à celles de la famille Hô. Les revenus de ces terres seront consacrés à l'entretien des tombes et à la subsistance des familles chargées de leur conservation. Les terres seront exemptes d'impôts et les hommes de ces familles seront également exempts des impôts personnels, du service militaire et des corvées.

Art. 6.

Il est fait remise au Roi par la France de tout ce qui lui reste dû de l'ancienne indemnité de guerre.

Art. 7.

Sa Majesté s'engage formellement à rembourser, par l'entremise du Gouvernement Français, le restant de l'indemnité due à l'Espagne, s'élevant à un million de dollars (à 0,72 de taël le dollar), et à affecter à ce remboursement la moitié du revenu

8

net des douanes des ports ouverts au commerce Européen et Américain, quel qu'en soit d'ailleurs le produit. Le montant en sera versé chaque année au Trésor public de Saïgon, chargé d'en faire la remise au Gouvernement Espagnol, d'en tirer reçu et de transmettre ce reçu au Gouvernement Annamite.

### Art. 8.

Son Excellence le Président de la République française et sa Majesté le Roi accordent une amnistie générale, pleine et entière, avec levée de tous séquestres mis sur les biens, à ceux de leurs sujets respectifs qui, jusqu'à la conclusion du traité et auparavant, se sont compromis pour le service de l'autre Partie Contractante.

### Art. 9.

Sa Majesté le Roi de l'Annam, reconnaissant que la religion catholique enseigne aux hommes à faire le bien, révoque et annule toutes les prohibitions portées contre cette religion et accorde à tous ses sujets la permission de l'embrasser et de la pratiquer librement.

En conséquence, les chrétiens du royaume d'Annam pourront se réunir dans les églises en nombre illimité pour les exercices de leur culte. Ils ne seront plus obligés sous aucun prétexte à des actes contraires à leur religion, ni soumis à des recensements particuliers. Ils seront admis à tous les concours et aux emplois publics sans être tenus pour cela à aucun acte prohibé par la religion.

Sa Majesté s'engage à faire détruire les registres de dénombrement des chrétiens faits depuis quinze ans et à les traiter, quant aux recensements et impôts, exactement comme tous ses autres sujets. Elle s'engage en outre à renouveler la défense, si sagement portée par elle, d'employer dans le langage ou dans les écrits des termes injurieux pour la religion et à faire corriger les articles du Thâp Dieu dans lesquels de semblables termes sont employés.

Les évêques et missionnaires pourront librement entrer dans le royaume et circuler dans leurs diocèses avec un passe-port du gouverneur de la Cochinchine visé par le Ministre des Rites ou par le gouverneur de la province. Ils pourront prêcher en tous lieux la doctrine catholique. Ils ne seront soumis à aucune surveillance particulière et les villages ne seront plus tenus de déclarer aux mandarins ni leur arrivée, ni leur présence, ni leur départ.

Les prêtres annamites exerceront librement, comme les missionnaires, leur ministère. Si leur conduite est répréhensible et si, aux termes de la loi, la faute par eux commise est passible de la peine du bâton ou du rotin, cette peine sera commuée en une punition équivalente.

Les évêques, les missionnaires et les prêtres annamites auront le droit d'acheter et de louer des terres et des maisons, de bâtir des églises, hôpitaux, écoles, orphelinats et tous autres édifices destinés au service de leur culte.

Les biens enlevés aux chrétiens, pour fait de religion, qui se trouvent encore sous séquestre, leur seront restitués.

Toutes les dispositions précédentes sans exception s'appliquent aux missionnaires espagnols aussi bien qu'aux français.

Un édit royal, publié aussitôt après l'échange des ratifications, proclamera dans toutes les communes la liberté accordée par Sa Majesté aux chrétiens de son royaume.

ART. 10.

Le Gouvernement Annamite aura la faculté d'ouvrir à Saïgon un collége placé sous la surveillance du directeur de l'intérieur et dans lequel rien de contraire à la morale et à l'exercice de l'autorité française ne pourra être enseigné. Le culte y sera entièrement libre.

En cas de contravention, le professeur qui aura enfreint ces prescriptions sera renvoyé dans son pays, et même, si la gravité du cas l'exige, le collége pourra être fermé.

## ART. 11.

Le Gouvernement Annamite s'engage à ouvrir au commerce les ports de Thin-Naï dans la province de Binh-Dinh, de Ninh-Haï, dans la province de Haï-Dzuong, la ville de Hannoï et le passage par le fleuve du Nhï-Hà, depuis la mer jusqu'au Yunnan.

Une convention additionnelle au traité, ayant même force que lui, fixera les conditions auxquelles ce commerce pourra être exercé.

Le port de Ninh-Haï, celui de Hannoï et le transit par le fleuve seront ouverts aussitôt après l'échange des ratifications et même plus tôt si faire se peut; celui de Thin-Naï un an après.

D'autres ports ou rivières pourront être ultérieurement ouverts au commerce, si le nombre et l'importance des relations établies montrent l'utilité de cette mesure.

## ART. 12.

Les sujets Français ou Annamites de la France et les Étrangers en général pourront, en respectant les lois du pays, s'établir, posséder, et se livrer librement à toutes opérations commerciales et industrielles dans les villes ci-dessus désignées. Le Gouvernement de Sa Majesté mettra à leur disposition les terrains nécessaires à leur établissement.

Ils pourront de même naviguer et commercer entre la mer et la province du Yunnan par la voie du Nhi-Ha, moyennant l'acquittement des droits fixés, et à la condition de s'interdire tout trafic sur les rives du fleuve entre la mer et Hannoï et entre Hannoï et la frontière de Chine.

Ils pourront librement choisir et engager à leur service des compradors, interprètes, écrivains, ouvriers, bateliers et domestiques.

## ART. 13.

La France nommera dans chacun des ports ouverts au commerce un Consul ou Agent assisté d'une force suffisante dont le chiffre ne devra pas dépasser le nombre de cent hommes, pour assurer sa sécurité et faire respecter son autorité, pour faire la police des étrangers jusqu'à ce que toute crainte à ce sujet soit dissipée par l'établissement des bons rapports que ne peut manquer de faire naître la loyale exécution du traité.

### Art. 14.

Les sujets du Roi pourront, de leur côté, librement voyager, résider, posséder et commercer en France et dans les colonies françaises en se conformant aux lois. Pour assurer leur protection, Sa Majesté aura la faculté de faire résider des agents dans les ports ou villes dont elle fera choix.

### Art. 15.

Lorsque des sujets Français, Européens ou Cochinchinois ou d'autres étrangers désireront s'établir dans un des lieux ci-dessus spécifiés, ils devront se faire inscrire chez le Résident français, qui en avisera l'autorité locale.

Les sujets Annamites voulant s'établir en territoire français seront soumis aux mêmes dispositions.

Les Français ou Étrangers qui voudront voyager dans l'intérieur du pays ne pourront le faire que s'ils sont munis d'un passe-port délivré par un agent français et avec le consentement et le visa des autorités annamites. Tout commerce leur sera interdit sous peine de confiscation de leurs marchandises.

Cette faculté de voyager pouvant présenter des dangers dans l'état actuel du pays, les Étrangers n'en jouiront qu'après que le Gouvernement annamite, d'accord avec le représentant de la France à Hué, jugera le pays suffisamment calmé.

Si des voyageurs français doivent parcourir le pays en qualité de savants, déclaration en sera également faite ; ils jouiront à ce titre de la protection du Gouvernement, qui leur délivrera les passe-ports nécessaires, les aidera dans l'accomplissement de leur mission et facilitera leurs études.

## Art. 16.

Toutes contestations entre Français, ou entre Français et Étrangers, seront jugées par le Résident Français.

Lorsque des sujets Français ou Étrangers auront quelque contestation avec des Annamites ou quelque plainte ou réclamation à formuler, ils devront d'abord exposer l'affaire au Résident, qui s'efforcera de l'arranger à l'amiable.

Si l'arrangement est impossible, le Résident requerra l'assistance d'un juge annamite commissionné à cet effet, et tous deux, après avoir examiné l'affaire conjointement, statueront d'après les règles de l'équité.

Il en sera de même en cas de contestation d'un Annamite avec un Français ou un Étranger : le premier s'adressera au Magistrat, qui, s'il ne peut con-

cilier les parties, requerra l'assistance du Résident
Français et jugera avec lui.

Mais toutes les contestations entre Français ou
entre Français et Étrangers seront jugées par le
Résident Français seul.

### Art. 17.

Les crimes et délits commis par des Français ou
des Étrangers sur le territoire de l'Annam seront
connus et jugés à Saïgon par les tribunaux compétents. Sur la réquisition du Résident Français, les
autorités locales feront tous leurs efforts pour arrêter le ou les coupables et les lui livrer.

Si un crime ou délit est commis sur le territoire
Français par un sujet de Sa Majesté, le Consul ou
Agent de Sa Majesté devra être officiellement informé des poursuites dirigées contre l'accusé et
mis en mesure de s'assurer que toutes les formes
légales sont bien observées.

### Art. 18.

Si quelque malfaiteur coupable de désordres ou
brigandages sur le territoire Français se réfugie
sur le territoire Annamite, l'autorité locale s'efforcera, dès qu'il lui en aura été donné avis, de
s'emparer du fugitif et de le rendre aux autorités
françaises.

Il en sera de même si des voleurs, pirates ou criminels quelconques sujets du Roi se réfugient sur le territoire Français ; ils devront être poursuivis aussitôt qu'avis en sera donné, et si faire se peut, arrêtés et livrés aux autorités de leur Pays.

## ART. 19.

En cas de décès d'un sujet français ou étranger sur le territoire annamite, ou d'un sujet annamite sur le territoire français, les biens du décédé seront remis à ses héritiers ; en leur absence ou à leur défaut, au Résident qui sera chargé de les faire parvenir aux ayants droit.

## ART. 20.

Pour assurer et faciliter l'exécution des clauses et stipulations du présent traité, un an après sa signature, Son Excellence le Président de la République nommera un Résident ayant le rang de Ministre auprès de Sa Majesté le roi de l'Annam. Le Résident sera chargé de maintenir les relations amicales entre les Hautes Parties Contractantes et de veiller à la consciencieuse exécution des articles du traité.

Le rang de cet Envoyé, les honneurs et prérogatives auxquels il aura droit seront ultérieurement réglés d'un commun accord et sur le pied d'une parfaite réciprocité entre les Hautes Parties Contractantes.

Sa Majesté le Roi de l'Annam aura la faculté de nommer des Résidents à Paris et à Saïgon.

Les dépenses de toute espèce occasionnées par le séjour de ces Résidents auprès du Gouvernement allié seront supportées par le Gouvernement de chacun d'eux.

## ART. 21.

Ce traité remplace le traité de 1862 et le Gouvernement Français se charge d'obtenir l'assentiment du Gouvernement Espagnol. Dans le cas où l'Espagne n'accepterait pas ces modifications au traité de 1862, le présent traité n'aurait d'effet qu'entre la France et l'Annam, et les anciennes stipulations concernant l'Espagne continueraient à être exécutoires. La France, dans ce cas, se chargerait du remboursement de l'indemnité espagnole et se substituerait à l'Espagne, comme créancière de l'Annam, pour être remboursée conformément aux dispositions de l'article 7 du présent traité.

## ART. 22.

Le présent traité est fait à perpétuité. Il sera ratifié et les ratifications en seront échangées à Hué dans le délai d'un an, et moins si faire se peut. Il sera publié et mis en vigueur aussitôt que cet échange aura eu lieu.

En foi de quoi les Plénipotentiaires respectifs ont signé le présent traité et y ont apposé leurs cachets.

Fait à Saïgon, au palais du Gouvernement de la Cochinchine française, en quatre expéditions, le dimanche, quinzième jour du mois de Mars de l'an de grâce 1874, correspondant au vingt-septième jour du premier mois de la vingt-septième année de Tu-Duc.

(S.) C.-Am. DUPRÉ.

(S.) LE TUAN et NGUYEN-VAN Tuong.

# TRAITÉ DE COMMERCE

Son Excellence le Président de la République Française et Sa Majesté le Roi d'Annam, animés du désir de resserrer les liens qui unissent les deux nations et d'augmenter leur prospérité par la facilité donnée au commerce, ont nommé, dans ce but, pour leurs Plénipotentiaires, savoir :

Son Excellence le Président de la République Française :

Le Contre-Amiral Krantz, commandant en chef la division navale des mers de Chine et du Japon, gouverneur par intérim, et commandant en chef en Cochinchine, commandeur de l'Ordre national de la Légion d'honneur, etc.

Sa Majesté le Roi de l'Annam, les hauts fonctionnaires :

Nguyên van Tu'ờ'nq, Ministre de la Justice,

décoré du titre de Ki-vi-ba, premier Ambassadeur, et

Nguyèn tàng Doàn, thi lang du Ministre de l'Intérieur, deuxième ambassadeur, lesquels, après communication de leurs pouvoirs respectifs, trouvés en bonne et due forme, sont convenus des articles suivants :

### ARTICLE PREMIER.

Conformément aux stipulations de l'article 11 du traité du 15 mars, le Roi de l'Annam ouvre au commerce étranger, sans distinction de pavillon ou de nationalité, ses ports de Thi-Naï, dans la province de Binh-Dinh ; de Ninh-Haï, dans la province de Haï-Duong, la ville de Hanoï et le fleuve de Nhi-Ha ou fleuve Rouge, depuis la mer jusqu'à la frontière chinoise.

### ART. 2.

Dans les ports ouverts, le commerce sera libre, après l'acquittement d'une taxe de cinq pour cent de la valeur des marchandises, à leur entrée ou à leur sortie. Ce droit sera de dix pour cent sur le sel.

Cependant, les armes et les munitions de guerre ne pourront être ni importées ni exportées par le commerce.

Le commerce de l'opium reste assujetti à sa réglementation spéciale établie par le Gouvernement Annamite.

L'importation des grains sera toujours permise moyennant un droit de cinq pour cent.

L'exportation des grains ne pourra avoir lieu qu'en vertu d'une autorisation temporaire du gouvernement de l'Annam, autorisation dont il sera donné connaissance au résident français à Hué. Les grains seront, dans ce cas, frappés d'un droit de sortie de dix pour cent.

L'importation de la soie et du Go-liem sera toujours permise.

L'exportation de la soie et du bois dit « Go-liem » ne sera permise chaque année qu'après que les villages qui paient leurs impôts avec ces deux denrées auront totalement acquitté cet impôt en nature, et que le gouvernement Annamite en aura acheté les quantités indispensables propres à son usage.

Le tarif d'entrée ou de sortie sur ces matières sera, pour toutes les autres marchandises, de cinq pour cent.

Lorsque le gouvernement Annamite aura l'intention de profiter de ce droit de suspendre l'exportation de la soie et du bois « Go-liem, » il en préviendra, au moins un mois à l'avance, le résident français à Hué ; il lui fera également connaître un mois à l'avance l'époque à laquelle l'exportation de ces denrées redeviendra libre.

Toutes les interdictions, à l'exception de celle qui concerne les armes et les munitions qui ne peuvent être transportées sans une autorisation spéciale du Gouvernement Annamite, ne s'appliquent pas aux marchandises en transit pour le Yunam ou venant du Yunam ; mais le gouvernement Annamite pourra prendre des mesures de précaution pour empêcher que les objets prohibés soient débarqués sur son territoire.

Les marchandises transitant par le Yunam n'acquitteront le droit de douane qu'à leur entrée sur le territoire Annamite, qu'elles y arrivent par mer ou par la frontière de Chine (province du Yunam).

Aucun autre droit accessoire ou supplémentaire ne pourra être établi sur les marchandises régulièrement introduites à leur passage d'une province ou d'une ville à l'autre.

Il est entendu que les marchandises importées ou exportées par des bâtiments chinois ou appartenant à l'Annam seront soumises aux mêmes interdictions, et que celles importées ou exportées sous pavillon chinois seront soumises aux mêmes droits que les marchandises importées ou exportées sous pavillon européen ou américain (ce que l'on entend, dans ces deux traités, par pavillon étranger), mais ces droits seront perçus séparément par les mandarins annamites du service de la douane et versés dans une caisse spéciale, à l'entière disposition du gouvernement Annamite.

ART. 3.

Les droits de phare et d'ancrage sont fixés à trois dixièmes de taël par tonneau de jauge pour les navires entrant et sortant avec un chargement, et à quinze centièmes de taël par tonneau pour les navires entrant sur lest et sortant chargés, ou entrant chargés et sortant sur lest.

Sont considérés comme étant sur lest les navires dont la cargaison est inférieure au vingtième de leur jauge en encombrement, et à cinq francs par tonneau en valeur.

Les navires entrant sur lest et partant sur lest ne paient aucun droit de phare et d'ancrage.

ART. 4.

Les marchandises expédiées de Saïgon pour un des ports ouverts du royaume d'Annam ou à destination de la province du Yunam en transit par le Nhi-Ha, et celles qui sont expédiées de l'un de ces ports ou de la province du Yunam pour Saïgon, ne seront soumises qu'à la moitié des droits frappant les marchandises de toute autre provenance ou ayant toute autre destination.

Pour éviter toute fraude et constater qu'ils viennent bien de Saïgon, ces bâtiments y feront viser leurs papiers par le capitaine du port de commerce et les y feront timbrer par le consul d'Annam.

La douane pourra exiger des bâtiments, à leur départ pour Saïgon, caution pour la moitié des droits auxquels ils ne sont pas soumis en vertu du paragraphe 1er du précédent article, et si la caution ne paraît pas valable, la douane pourra exiger le versement en dépôt de cette moitié de droit, qui sera restituée après justification.

ART. 5.

Le commerce par terre entre la province de Bien-hoa et celle de Binh-Thuan restera provisoirement dans les conditions où il est en ce moment, c'est-à-dire qu'il ne pourra être établi de nouveaux droits ni apporté aucune modification aux droits existants.

Dans l'année qui suivra l'échange des ratifications du présent traité, une convention supplémentaire réglera les conditions auxquelles sera soumis ce commerce par terre.

En tous les cas, l'exportation des chevaux de
l'empire d'Annam à destination de la province de
Bien-hoa ne pourra être assujettie à des droits plus
forts que ceux qui sont payés actuellement.

### ART. 6.

Pour assurer la perception des droits, et afin
d'éviter les conflits qui pourraient naître entre les
étrangers et les autorités Annamites, le gouvernement français mettra à la disposition du gouvernement Annamite les fonctionnaires nécessaires pour
diriger le service des douanes sous la surveillance
et l'autorité du Ministre chargé de cette partie du
service public. Il aidera également le gouvernement Annamite à organiser sur les côtes un service de surveillance efficace pour protéger le
commerce.

Aucun Européen non Français ne pourra être employé dans les douanes des ports ouverts sans
l'agrément du consul de France ou du résident
français près la cour de Hué, avant le paiement
intégral de l'indemnité espagnole.

Ce paiement terminé, si le gouvernement
Annamite juge que ces fonctionnaires employés
dans les douanes peuvent se passer du concours des
fonctionnaires français, les deux gouvernements

s'entendront au sujet des modifications que cette détermination rendra nécessaires.

ART. 7.

Les douanes des ports ouverts au commerce étranger devant être dirigées par un fonctionnaire annamite résidant à Ninh-haï, un fonctionnaire français mis à la disposition du gouvernement annamite et portant le titre de chef du service européen, résidera dans le même port, afin de se concerter avec lui sur toutes les mesures de détail ayant pour but la bonne organisation du service.

Tous les Européens employés dans les douanes relèveront directement du chef du service européen. Il aura le droit de correspondre pour les affaires de douanes et de commerce avec le Consul français et avec le Résident français à Hué.

Le chef du service européen et le chef du service annamite s'entendront pour les rapports à adresser au Ministre des Finances. En cas de dissentiment, chacun d'eux pourra s'adresser directement à ce haut fonctionnaire.

ART. 8.

Les rangs du personnel mis au service de Sa Majesté, ses rapports officiels avec les autorités du pays, ainsi que ses émoluments, seront réglés d'un commun accord entre les deux gouvernements.

ART. 9.

La comptabilité des douanes sera tenue en double dans les bureaux du service européen et dans les établissements financiers désignés par le gouvernement annamite pour encaisser le montant des droits.

Les ordres de recette des droits devront porter le visa du fonctionnaire français et celui du fonctionnaire annamite. Les mêmes formalités seront observées lorsque l'argent devra être extrait des caisses de la douane pour être versé dans celles de l'État.

Les pièces de comptabilité et les registres seront comparés tous les mois.

ART. 10.

Seront prélevés sur le produit des droits de phare et d'ancrage, et en cas d'insuffisance sur le produit des droits de douane, sans que jamais le prélèvement puisse dépasser la moitié du revenu de ce dernier et dans l'ordre suivant :

1ª La solde du personnel européen employé au service des douanes des ports ouverts de l'Annam ;

celle des employés annamites ou autres du même service;

2° La construction et l'entretien des bureaux de la douane;

3° La construction et l'entretien des phares, bateaux-feu, balises;

4° Les travaux de curage et les sondages;

Enfin toutes les dépenses reconnues nécessaires pour faciliter et activer le développement commercial.

### ART. 11.

Le tarif de droits établi par la présente convention sera applicable pendant dix ans à dater de l'échange des ratifications; pendant cette période, il ne pourra être modifié que du commun accord des deux Hautes Parties Contractantes, et un an au moins après que la proposition en aura été faite par l'une d'elles.

### ART. 12.

Toutes les contestations entre les étrangers et le personnel des douanes au sujet de l'application des règlements douaniers seront jugées par le consul et un magistrat annamite.

### ART. 13.

Lorsqu'un bâtiment français ou étranger arrivera dans les eaux de l'un des ports ouverts au commerce étranger, il aura la faculté d'engager tel pilote qui lui conviendra pour se faire conduire immédiatement dans le port, et de même, quand après avoir acquitté toutes les charges légales, il sera prêt à mettre à la voile, on ne pourra pas lui refuser des pilotes pour le sortir du port sans retard ni délai.

Tout individu qui voudra exercer la profession de pilote pour les bâtiments étrangers, pourra, sur la présentation de trois certificats de capitaines de navires, être commissionné par le consul de France et le capitaine du port.

La rétribution payée aux pilotes sera réglée selon l'équité, pour chaque port en particulier, par le consul ou agent consulaire et le capitaine du port, en raison de la distance et des difficultés de la navigation.

### ART. 14.

Dès que le pilote aura introduit un navire de commerce étranger dans le port, le chef de la douane déléguera un ou deux préposés pour surveiller le navire et empêcher qu'il ne se pratique aucune fraude. Ces préposés pourront, selon leurs convenances, rester dans leurs propres bateaux ou se tenir à bord du bâtiment.

Les frais de leur solde, de leur nourriture et de leur entretien seront à la charge de la douane, et ils ne pourront exiger aucune indemnité ou rétribution quelconque des capitaines ou des consignataires. Toute contravention à cette disposition entraînera une punition proportionnelle au montant de l'exaction, laquelle sera en outre intégralement restituée.

ART. 15.

Dans les vingt-quatre heures qui suivront l'arrivée d'un navire de commerce étranger dans l'un des ports ouverts au commerce étranger, le capitaine, s'il n'est dûment empêché, et à son défaut le subrécargue ou le consignataire, devra se rendre au consulat de France et remettra entre les mains du consul les papiers de bord, les connaissements et le manifeste. Dans les vingt-quatre heures suivantes, le consul enverra au chef de la douane un extrait du rôle d'équipage et une note détaillée indiquant le nom du navire, le tonnage légal du bâtiment et la nature de son chargement; si par suite de la négligence du capitaine, cette dernière formalité n'avait pu être accomplie dans les quarante-huit heures qui suivront l'arrivée du navire, le capitaine sera passible d'une amende de cinquante piastres par jour de retard au profit de la caisse des douanes; ladite amende, toutefois, ne pourra dépasser la somme de deux cents piastres.

Aussitôt après la réception de la note transmise par le consulat, le chef de la douane délivrera le permis d'ouvrir la cale. Si le capitaine, avant d'avoir reçu le permis précité, avait ouvert la cale et commencé à décharger, il pourrait être condamné à une amende de cinq cents piastres au plus, et les marchandises débarquées pourraient être saisies, le tout au profit de la caisse des douanes.

Les armes et les munitions de guerre que les bâtiments de commerce pourraient avoir à bord pour leur propre sûreté, devront être énumérées sur les papiers de bord et déclarées en même temps que la composition, de la cargaison, à leur arrivée au port ou à la douane.

Si les fonctionnaires du gouvernement Annamite le jugent nécessaire, ces armes seront mises en dépôt à terre, entre les mains du capitaine du port et du consul, ou dans le poste frontière, pour n'être rendues qu'au départ du bâtiment, soit qu'il prenne la mer, soit qu'il pénètre sur le territoire chinois.

Dans ce dernier cas, la quantité de munitions et d'armes sera déterminée par le consul et le chef de douane, en raison des circonstances. Les contraventions seront punies de la confiscation des armes au profit du gouvernement Annamite et, en outre, d'une amende qui ne pourra excéder cinq cents piastres.

Si un bâtiment a débarqué clandestinement des armes ou des munitions sur le territoire Annamite, ces armes, si elles sont en petit nombre, seront confisquées et les contrevenants seront en outre punis d'une amende de cinq cents piastres au plus; mais si la quantité d'armes ou de munitions de guerre ainsi débarquées est considérable et constitue un danger, le bâtiment pourra être saisi et confisqué, ainsi que tout ou partie du chargement.

La confiscation d'un bâtiment européen ou américain ne pourra être prononcée que par les deux gouvernements.

ART. 16.

Les capitaines et négociants étrangers pourront louer telles espèces d'alléges et d'embarcations qu'il leur plaira pour transporter des marchandises et des passagers, et la rétribution à payer pour ces alléges sera réglée de gré à gré par les parties intéressées, sans l'intervention de l'autorité Annamite, et par conséquent sans sa garantie, en cas d'accident, de fraude et de disparition desdits alléges.

Le nombre n'en sera pas limité et le monopole n'en
pourra être concédé à qui que ce soit, non plus que
celui de transport par portefaix, des marchandises
à embarquer ou à débarquer.

### ART. 17.

Toutes les fois qu'un négociant étranger aura
des marchandises à embarquer ou à débarquer, il
devra d'abord remettre la note détaillée au consul
ou agent consulaire, qui en donnera communication
au chef de la douane. Celui-ci délivrera sur-le-
champ un permis d'embarquement ou de débarquement. Il sera alors procédé à la vérification des
marchandises, dans la forme la plus convenable
pour qu'il n'y ait chance de perte pour aucune des
parties.

Le négociant devra se faire représenter sur le
lieu de la vérification (s'il ne préfère y assister lui-
même, par une personne réunissant les qualités
requises), à l'effet de veiller à ses intérêts au moment où il sera procédé à cette vérification pour la
liquidation des droits ; faute de quoi, toute réclamation ultérieure restera nulle et non avenue.

Si le négociant ne peut tomber d'accord avec
l'employé annamite sur la valeur à fixer, chaque
partie appellera deux ou trois négociants, chargés

d'examiner les marchandises, et le prix le plus élevé qui sera offert par l'un d'eux sera réputé constituer la valeur desdites marchandises.

Les droits seront prélevés sur le poids net, on déduira, en conséquence, le poids des emballages et contenants. Si le négociant ne peut s'entendre avec l'employé annamite sur la fixation de la tare, chaque partie choisira un certain nombre de caisses et de ballots parmi les colis objets du litige; ils seront d'abord pesés bruts, puis tarés ensuite, et la tare moyenne des colis pesés servira de tare pour tous les autres.

Si, pendant le cours de la vérification, il s'élève quelque difficulté qui ne puisse être résolue, le négociant pourra réclamer l'intervention du consul, lequel portera, sur-le-champ l'objet de la contestation au chef des douanes, et tous deux s'efforceront d'arriver à un arrangement amiable, mais la réclamation devra avoir lieu dans les vingt-quatre heures, sinon il n'y sera pas donné suite. Tant que le résultat de la contestation restera pendant, le chef de la douane n'en portera pas l'objet sur les livres, laissant ainsi toute latitude pour l'examen et la solution de la difficulté.

Les marchandises qui auraient éprouvé des avaries jouiront d'une réduction de droits proportionnée à leur dépréciation. Celle-ci sera déterminée équitablement et s'il le faut, par expertise contradictoire, ainsi qu'il a été stipulé plus haut.

ART. 18.

Tout bâtiment entré dans l'un des ports ouverts de l'Annam, et qui n'a point encore levé le permis de débarquement mentionné dans l'article précédent, pourra, dans les deux jours de son arrivée, quitter le port et se rendre dans un autre port, sans avoir à payer ni droits d'ancrage ni droits de douane, attendu qu'il les acquittera ultérieurement dans le port où il effectuera la vente de ses marchandises.

ART. 19.

Les droits d'importation seront acquittés par les capitaines ou négociants au fur et à mesure du débarquement des marchandises et après leur vérification. Les droits d'exportation le seront de la même manière lors de l'embarquement. Lorsque les droits de tonnage et de douane dus par un bâtiment étranger auront été intégralement acquittés, le chef de la douane délivrera une quittance générale, sur l'exhibition de laquelle le consul rendra ses papiers de bord au capitaine et lui permettra de partir.

Toutefois, si le capitaine y consent, il sera loisible à l'administration des douanes (afin de faciliter les opérations du commerce) de percevoir les droits d'après les papiers de bord sans qu'on soit obligé de décharger les marchandises pour en constater la valeur et la quantité.

Art. 20.

Après l'expiration des deux jours mentionnés dans l'article 18 et avant de procéder au déchargement, chaque bâtiment de commerce acquittera intégralement les droits de phare et d'ancrage fixés par l'article 3. Aucun autre droit, rétribution ou surcharge ne pourra être exigé sous aucun prétexte.

Lors du payement du droit précité, le chef de la douane délivrera au capitaine ou au consignataire un reçu en forme de certificat constatant que les droits de phare et d'ancrage ont été intégralement acquittés et, sur l'exhibition de ce certificat au chef de la douane de tout autre port où il lui conviendrait de se rendre, le capitaine sera dispensé de payer de nouveau ces droits pour son bâtiment, tout navire étranger ne devant en être passible qu'une seule fois à chacun de ses voyages d'un pays étranger en Annam.

### ART. 21.

Tout navire étranger entré dans l'un des ports
ouverts au commerce, et qui n'y voudra décharger
qu'une partie de ses marchandises, ne paiera les
droits de douane que pour la partie débarquée ; il
pourra transporter le reste de sa cargaison dans un
autre port et l'y vendre. Les droits seront alors
acquittés.

Dans le cas où des étrangers, après avoir acquitté
dans un port les droits sur des marchandises,
voudraient les réexporter et aller les vendre dans
un autre port, ils en préviendraient le Consul ou
agent consulaire ; celui-ci, de son côté, informera
le chef de la douane, lequel après avoir constaté
l'identité de la marchandise et la parfaite intégrité
des colis, remettra aux réclamants une déclaration
attestant que les droits afférents auxdites marchandises ont été effectivement acquittés.

Munis de cette déclaration, les négociants étrangers n'auront, à leur arrivée dans l'autre port,
qu'à la présenter par l'entremise du Consul au
chef de la douane, qui délivrera, pour cette partie
de la cargaison, sans retard et sans frais, un permis de débarquement en franchise de droits ; mais
si l'autorité découvrait de la fraude ou de la contre-

bande parmi ces marchandises ainsi réexportées, celles-ci seraient, après vérification, confisquées au profit de la caisse des douanes.

### Art. 22.

Aucun transbordement de marchandises ne pourra avoir lieu que sur permis spécial, et dans un cas d'urgence. S'il devient indispensable d'effectuer cette opération, il devra en être référé au Consul, qui délivrera un certificat, sur le vu duquel le transbordement sera autorisé par le chef de la douane. Celui-ci pourra toujours déléguer un employé de son administration pour y assister.

Tout transbordement non autorisé, sauf le cas de péril en la demeure, entraînera la confiscation au profit de la caisse des douanes, de la totalité des marchandises illicitement transbordées.

### Art. 23.

Dans chacun des ports ouverts au commerce étranger, le chef de la douane recevra pour lui-même, et déposera au Consulat français des balances légales pour les marchandises et pour l'argent, ainsi que des poids et mesures exactement conformes aux poids et aux mesures en usage dans l'Annam et revêtus d'une estampille et d'un cachet constatant cette conformité. Ces étalons seront la base de toutes les liquidations de droits et de paiements à faire. On y aura recours en cas de contestation sur le poids et la mesure des marchandises, et il sera statué d'après les résultats qu'ils auront donnés.

### ART. 24.

Toute marchandise introduite ou exportée en contrebande, par des navires ou par des négociants étrangers dans les ports, quelles que soient d'ailleurs sa valeur et sa nature, comme aussi toute denrée prohibée débarquée frauduleusement, sera saisie par l'autorité locale et confisquée. En outre, le Gouvernement annamite pourra, si bon lui semble, interdire l'entrée de ses ports au bâtiment surpris en contravention et le contraindre à partir aussitôt après l'apurement de ses comptes. Si quelque navire étranger se couvrait frauduleusement d'un pavillon qui ne serait pas le sien, l'autorité française prendrait des mesures nécessaires pour la répression de cet abus.

La totalité des sommes provenant de la vente des objets confisqués sera versée à la caisse de la douane. Le produit des amendes pour contravention aux règlements des douanes, dans les ports ouverts, sera également versé à cette caisse.

ART. 25.

Son Excellence le Président de la République Française pourra faire stationner un bâtiment de guerre dans les ports ouverts de l'Empire où sa présence sera jugée nécessaire pour maintenir le bon ordre et la discipline parmi les équipages des navires marchands et faciliter l'exercice de l'autorité consulaire. Toutes les mesures nécessaires seront prises pour que la présence de ces navires de guerre n'entraîne aucun inconvénient. Les bâtiments de guerre ne seront assujettis à aucun droit.

ART. 26.

Tout bâtiment de guerre français croisant pour la protection du commerce sera reçu en ami et traité comme tel dans les ports de l'Annam où il se présentera. Ces bâtiments pourront s'y procurer les divers objets de rechange et de ravitaillement dont ils auraient besoin, et s'ils ont fait des avaries, les réparer et acheter dans ce but les matériaux nécessaires, le tout sans la moindre opposition.

Il en sera de même à l'égard des navires de commerce français ou étrangers qui, par suite d'avaries majeures ou pour toute autre cause, seraient contraints de chercher refuge dans un port quelconque de l'Annam. Mais ces navires devront également n'y séjourner que momentanément, et aussitôt que la cause de leur relâche aura cessé, ils devront appareiller sans pouvoir y prolonger leur séjour et sans pouvoir y commercer.

Si quelqu'un de ces bâtiments venait se perdre sur la côte, l'autorité la plus proche, dès qu'elle en serait informée, porterait sur-le-champ assistance à l'équipage, pourvoirait à ses premiers besoins et prendrait les mesures d'urgence nécessaires pour le sauvetage du navire et la préservation des marchandises. Puis elle porterait le tout à la connaissance du consul ou agent consulaire le plus à portée du sinistre, pour que celui-ci, de concert avec l'autorité compétente, pût aviser aux moyens de rapatrier l'équipage et de sauver les débris du navire et de la cargaison.

Le port de Thuan-an, à cause de sa situation dans une rivière qui conduit à la capitale et de sa proximité de cette capitale, fera exception, et aucun bâtiment étranger de guerre ou de commerce ne pourra y pénétrer.

Cependant, si un bâtiment de guerre français était chargé d'une mission pressée pour le gouvernement de Hué ou pour le résident français, il pourrait franchir la barre après en avoir demandé et obtenu l'autorisation expresse du gouvernement Annamite.

Art. 27.

Les navires de commerce annamites qui se rendront dans tous les ports de France ou des six provinces françaises de la Basse-Cochinchine pour y commercer, y seront traités au point de vue des droits de toute nature comme la nation la plus favorisée.

Art. 28.

Le gouvernement français renouvelle la promesse faite au gouvernement annamite, à l'article 2 du traité du 15 mars, de faire tous ses efforts pour détruire les pirates de terre et de mer particulièrement dans le voisinage des villes et ports ouverts au commerce européen, de façon à rendre les opérations du commerce aussi sûres que possible.

Art. 29.

La présente convention aura la même force que le traité du 15 mars 1874, auquel elle restera attachée ; elle sera mise en vigueur aussitôt après l'échange des ratifications, qui aura lieu en même temps que celui du traité du 15 mars 1874, si c'est possible, et en tous les cas avant le 15 mars 1875.

En foi de quoi les plénipotentiaires respectifs l'ont signée et y ont apposé leurs sceaux.

Fait à Saïgon, au palais du gouvernement, en deux expéditions en chaque langue comparées et conformes entre elles, le trente et un août mil huit cent soixante-quatorze.

*Signé :* KRANTZ, etc., etc.

------

Afin d'éviter des difficultés dans l'interprétation de quelques passages des nouveaux traités, les plénipotentiaires des deux hautes parties contractantes sont convenus d'ajouter au présent traité un article additionnel qui sera considéré comme en faisant partie intégrante.

### Article additionnel.

Il est entendu que la ville même de Hanoï est ouverte au commerce étranger, et qu'il y aura dans cette ville un consul avec son escorte, une douane et que les Européens pourront y avoir des magasins et des maisons d'habitation aussi bien qu'à Ninh-haï et à Thi-naï.

Si par la suite on reconnaissait que la douane de Hanoï est inutile et que celle de Ninh-naï suffit, la douane de Hanoï pourrait être supprimée, mais il y aurait toujours dans cette ville un consul et son escorte et les Européens continueraient à y avoir des magasins et des maisons d'habitation.

Les terrains nécessaires pour bâtir les habitations des consuls et de leurs escortes seront cédés gratuitement au gouvernement français par le gouvernement annamite.

L'étendue de ces terrains sera, dans chacune des villes ou ports ouverts, de cinq maus, mesure annamite (environ deux hectares et demi). Les terrains nécessaires aux Européens pour élever leurs maisons d'habitation ou leurs magasins seront achetés par eux aux propriétaires ; les consuls et les autorités annamites interviendront dans ces achats, de façon à ce que tout se passe avec équité. Les magasins et les habitations des commerçants seront aussi rapprochés que possible de la demeure des consuls.

A Ninh-haï, le consul et son escorte continueront à occuper le fort tant que cela sera jugé nécessaire pour assurer la police et la sécurité du commerce. Il habitera plus tard sur le terrain de cinq maus qui lui aura été concédé.

On respectera les pagodes et les sépultures, et les Européens ne pourront acheter les terrains sur lesquels il existe des habitations qu'avec le consentement des propriétaires et en payant une juste indemnité.

Les commerçants européens paieront l'impôt foncier d'après les tarifs en usage dans la localité où ils habiteront, mais ils ne paieront aucun autre impôt.

A Saïgon, le trente et un août mil huit cent soixante-quatorze.

CONVENTION ANNEXE AU TRAITÉ DE COMMERCE
DU 31 AOUT 1874.

Le contre-amiral Krantz, commandant en chef la division navale des mers de Chine et du Japon, Gouverneur par intérim et commandant en chef en Cochinchine, commandeur de l'Ordre national de la Légion d'honneur, etc., etc., muni des pleins pouvoirs de Son Excellence le Président de la République française ;

Et le haut fonctionnaire Nguyen Van Tuong, ministre de la Justice, décoré du titre de Ki-vi-Ba, muni des pleins pouvoirs de Sa Majesté le roi d'Annam, sont convenus d'apporter au traité de commerce, signé le 31 août 1874, les modifications suivantes :

« Est et demeure supprimé le dernier para-
» graphe de l'article 2 du susdit traité ainsi
» conçu :

» Il est entendu que les marchandises importées
» ou exportées par des bâtiments chinois ou appar-
» tenant à l'Annam seront soumises aux mêmes
» interdictions, et que celles importées ou expor-
» tées sous pavillon chinois seront soumises aux
» mêmes droits que les marchandises importées
» ou exportées sous pavillon européen ou améri-
» cain (ce que l'on entend, dans ces deux traités,
» par pavillon étranger). Mais ces droits seront
» perçus séparément par les mandarins Annamites
» du service de la Douane, versés dans une caisse
» spéciale, à l'entière disposition du gouvernement
» annamite. »

Ledit paragraphe supprimé est remplacé par le texte suivant :

« Il est entendu que les marchandises importées
» de l'étranger dans les ports ouverts, on expor-
» tées des ports ouverts à l'étranger par des bâ-
» timents chinois ou appartenant à l'Annam,
» seront soumises aux mêmes interdictions et aux
» mêmes droits que celles importées de l'étranger
» ou exportées à l'étranger sous tout autre pavil-
» lon ; et que ces droits seront perçus par les
» mêmes employés et versés dans les mêmes caisses
» que ceux perçus sur les marchandises importées
» de l'étranger ou exportées à l'étranger sous les
» pavillons dits étrangers. »

La présente convention sera rattachée au traité du 31 août 1873, lors de l'échange des actes de ratification et en fera partie intégrante.

En foi de quoi les plénipotentiaires ont signé aujourd'hui vingt-trois novembre 1874, correspondant au 15$^{me}$ jour du 10$^e$ mois de la 27$^e$ année de Tu Duc.

III

## LA

# GUERRE DES ACHANTIS

Entre le tropique du Cancer et l'équateur, au
sud du Sénégal, sous le cinquième parallèle de latitude, la côte occidentale de l'Afrique se replie
brusquement vers l'est pour former un coude qu'on
appelle le golfe de Guinée, et dont le littoral comprend la Côte d'Ivoire, la Côte d'Or, la Côte des
Esclaves ou le Dahomey, enfin le Gabon. C'est là
que vers le milieu du XV<sup>e</sup> siècle les navigateurs
portugais crurent d'abord, en voyant la terre se
prolonger longtemps vers l'est-sud-est, avoir trouvé
la route des Indes, qu'ils ne devaient découvrir

que quarante ans plus tard. En attendant, ils s'établirent sur ce littoral, et, se fortifiant aux îles du Cap-Vert, qui se trouvent un peu au-dessus, ils se livrèrent au commerce facile de la poudre d'or, puis à celui des esclaves, car c'est dans ces régions que l'esclavage moderne des noirs prit naissance et que la traite se développa plus tard d'une façon révoltante. Ce qu'on paraît généralement ignorer, c'est que les Portugais avait été précédés à la Côte d'Or par les Français. Ce sont en effet d'audacieux marins de Dieppe qui les premiers ont abordé dans ces parages ; dès 1365, les Normands possédaient des factoreries à l'embouchure du Sénégal et jusqu'au delà de la rivière de Sierra-Leone. L'un de ces établissements s'appelait le *Petit-Paris*, un autre le *Petit-Dieppe*. Dans la suite, nos aventureux compatriotes poussèrent leur exploration jusqu'à la Côte d'Or, où ils élevèrent en 1382 le fort de la Mine, qui depuis est devenu Elmina. Cependant les compagnies qui faisaient sur le littoral le commerce de l'or et de l'ivoire tombèrent en décadence, et vers la fin du xviᵉ siècle les Français n'eurent plus que le Sénégal. En 1700, la compagnie d'Afrique fonda de nouveau une factorerie en Guinée, à l'entrée de la rivière d'Assinie ; mais il fallut la quitter sept ans plus tard.

Vers la même époque fut bâti le Fort-Français à Wydah, sur la Côte des Esclaves ; occupé par nous jusqu'en 1797, il fut abandonné aussi. Ce n'est qu'en 1838 qu'on se souvint de ces comptoirs délaissés ; une expédition, commandée par un lieutenant de vaisseau qui plus tard devait être l'amiral Bouët-Willaumez, fut chargée d'explorer le littoral, et dès 1842 les traités conclus avec les rois indigènes permirent à la France d'y planter son drapeau. C'est là l'origine de nos établissements d'Assinie, de Grand-Bassam et du Gabon.

Quant aux Portugais, dépossédés de Ceylan et des îles de la Sonde, ils le furent encore de leurs territoires de la Côte d'Or par les Hollandais.

Il est curieux de rappeler en passant, la manière dont ces derniers s'emparèrent d'Elmina. En 1637, quoique la paix eût été signée entre la Hollande et le Portugal, le fameux amiral de Ruyter vint à la Côte d'Or avec l'intention de prendre possession par ruse ou par force d'Elmina et de sa forteresse.

Ayant fait mettre ses vaisseaux à l'ancre, à une grande distance de la jetée, il descendit à terre, et se rendant tout de suite et sans escorte chez le gouverneur portugais, l'amiral lui fit croire que sa flotte était frappée d'une maladie pestilentielle. De

Ruyter ajouta que pour sauver ses hommes, il était absolument nécessaire de les débarquer et de les faire camper sur un plateau bien aéré et surtout très-élevé, de façon à ce que l'air vicié par ses malades ne vînt pas jusqu'à la ville.

Le Hollandais parla avec un tel accent de vérité, que le gouverneur, sans soupçon, accorda ce qui lui était demandé. Aussitôt les marins de la flotte débarquèrent, s'installèrent sur une colline alors boisée et dominant tout Elmina ainsi que le fort Saint-George. Des hamacs bien fermés, dans lesquels, au dire des Hollandais étaient des malades, passèrent devant la douane portugaise, sans que ses employés osassent les visiter par crainte de la contagion.

Ce débarquement durait depuis quelques jours, lorsqu'un matin, sur la hauteur concédée, on entendit un bruit de trompettes. Les tentes que les Hollandais y avaient dressées tombèrent tout à coup et laissèrent à découvert aux yeux des Portugais stupéfaits une batterie d'artillerie.

Sans aucune explication de l'amiral, les canons ouvrirent un feu terrible sur le fort Saint-George, qui, pris par surprise, arbora le drapeau blanc presque aussitôt. Ses défenseurs ne pouvaient faire, en effet, qu'une chose, capituler et donner les clefs de la place à l'astucieux amiral.

On montre encore l'endroit où le trop charitable gouverneur portugais vint livrer la ville et la forteresse à Ruyter. Comme si le fait eût été des plus glorieux, une plaque commémorative de la capitulation y fut placée sur une colonne, et on peut encore l'y voir aujourd'hui. Les Hollandais construisirent à cette époque trois forts, ceux de San Yago, Java et Shomberg; ils furent bâtis sur l'emplacement où s'étaient élevées les tentes qui cachèrent leur artillerie.

En 1672, les Hollandais, par le traité de Bréda, cédèrent à leur tour la partie appelée Cape Coast aux Anglais.

En 1750, constituée par un acte du parlement britannique, une société de riches marchands de Londres obtint le privilége de fonder des comptoirs sur la côte occidentale d'Afrique, et reçut à cet effet une subvention annuelle assez considérable. Lorsqu'à son tour cette compagnie fut dissoute en 1821, une partie des forts qui lui avaient été confiés furent abandonnés, et l'ensemble des colonies de la côte occidentale d'Afrique, placé sous l'autorité du gouvernement de Sierra-Leone. Les territoires de Sierra-Leone, de la Gambie et de Lagos formaient depuis lors avec Cape-Coast ce que les Anglais appellent leurs *West-Africa-settlements*. A Cape-Coast réside un administrateur qui relève du gouverneur général dont le siége est à Freetown, ville bizarre où le nègre semble regarder le blanc comme son inférieur, et tient partout le haut du pavé. De leur côté, les établissements hollandais comprenaient sept districts, qui sont, en allant de l'ouest à l'est, Elmina, Chama, Secondi, Bautry, Dixcore, Axim et Apollonia. La capitale de la colonie était Elmina, ville d'environ 15,000 âmes, et que protége le redoutable fort de Saint-George-de-la-Mine; la seconde ville en importance est Chama, avec près de 5,000 habitants, à l'embouchure du Bossum-Prah. Des nombreux cours d'eau qui se jettent dans le golfe de Guinée, un seul, le Volta, est navigable jusqu'à deux cents kilomètres du littoral.

Les rapports de bon voisinage entre ces diverses nations maritimes, Français, Anglais, Portugais, Hollandais, auxquelles vinrent encore se joindre les Danois, ne pouvaient manquer d'être troublés par des rivalités et des querelles qui avaient souvent leur source dans les guerres que se faisaient les nègres de l'intérieur. Au commencement de ce siècle, les établissements hollandais alternaient

sur le littoral de la Guinée avec ceux des Anglais.
On songea d'abord par des échanges réciproques à
concentrer les possessions respectives en deux territoires séparés ; enfin, fatigué des embarras que
lui suscitait cette colonie peu importante et placée
sur une plage malsaine, le gouvernement des Pays-
Bas pensa sérieusement à s'en débarrasser en la
cédant à l'Angleterre, suivant en cela l'exemple
que le Danemark avait donné depuis vingt ans. Le
traité de cession, négocié au mois de février 1871,
comprenait deux clauses par lesquelles la Grande-
Bretagne reconnaissait la suzeraineté de la Hollande sur l'île de Sumatra, et permettait l'introduction des coulies indiens à Surinam. L'Angleterre
n'avait à payer que le prix du matériel de guerre
cédé, c'est-à-dire une somme qui ne devait pas dépasser 24,000 liv. sterl., et le nombre de ses sujets s'augmentait environ de 120,000 âmes. Ce
traité fut signé et ratifié par les chambres hollandaises, malgré les réclamations de la presse et de
nombreuses pétitions qui s'élevaient contre « l'a-
liénation du patrimoine colonial acquis aux temps
héroïques de la Hollande » et aussi en dépit des
populations cédées, qui avaient dépéché à La Haye
un agent nommé David Mill Graves, afin d'empêcher la signature de la convention. Grâce à cet

arrangement, l'Angleterre se trouve désormais seule maîtresse des 100 lieues de côtes qui s'étendent entre notre colonie d'Assinie et le Dahomey. — Elle l'est devenue aussi par droit de conquête, puisqu'elle a réussi à comprimer la formidable insurrection des noirs qui avait éclaté peu de temps après l'exécution du traité.

Le peuple guerrier des Achantis, soutenu par d'autres tribus jusque-là dociles et soumises, a donc tenu en échec les armes de la Grande-Bretagne, comme le sultan d'Atchin a tenu en échec les Hollandais dans l'île de Sumatra. Le gouvernement anglais s'est vu forcé d'organiser une expédition fort sérieuse, dont l'issue était loin d'être tout à fait assurée au début, malgré les résultats heureux des premières rencontres. Il ne sera peut-être pas hors de propos de donner ici quelques notions sur la contrée qui a été le théâtre de cette lutte imprévue, sur les habitants, sur l'origine du conflit et la gravité qu'il aurait pu avoir.

# I

La Côte d'Or. — Forêts et jungles. — 35° à l'ombre. — L'or. —
Commerce. — L'âme et la bête. — Les esprits. — La coquette
d'outre-tombe. — Holocaustes. — Le Danois Boemer. —
Edward Bowdich. — Sa Majesté Quahou-Duah. — Population
des Achantis. — Supériorité des Achantis. — Arts et industrie.


La partie centrale du littoral de la Guinée a reçu
le nom de Côte d'Or en raison de la richesse de ses
sables aurifères. C'est un pays bas, couvert en
grande partie de forêts sombres, entrecoupé de
marais et de jungles, lesquels le séparent d'un plateau plus salubre qui commence à s'élever à 50 kilomètres du rivage et qui n'est que le premier
échelon des montagnes Kong. La chaleur et l'humidité des régions tropicales y développent partout
une végétation luxuriante : l'arbre à coton, de plus
de 150 pieds de hauteur, des bananiers d'une taille
gigantesque, l'aloès, la canne à sucre, l'ananas,

l'igname, le manioc, le maïs, le riz, l'arachide ou pistache de terre, le chanvre indien ou haschich, le tabac, y croissent à l'état sauvage : les bois de teck, d'ébène, de sandal, la liane aux nombreux capitules de fleurs jaunâtres et dont on extrait le caoutchouc, s'entremêlent dans les forêts à des bois de construction d'une grande hauteur. C'est là qu'on trouve l'arbre qu'on appelle l'*osami*, dont les fleurs ont la couleur et le parfum des lilas, l'*okoumé* qui sert à faire de belles pirogues et des torches pleines de sucs résineux, qui la nuit jettent un si grand éclat autour des campements menacés par les fauves.

Ce n'est qu'avec une nombreuse escorte et armés jusqu'aux dents que les Européens peuvent impunément, et dans un temps limité par la fin des beaux jours, se permettre d'aller contempler cette belle végétation. Les léopards, les lions, les éléphants, les rhinocéros, des serpents d'une variété infinie, peuplent les fourrés. Les crocodiles et les caïmans, couchés sous de grands roseaux, surveillent les berges des rivières, et le requin, aux embouchures des fleuves, dispute au pêcheur indigène le produit de ses pêches. Si l'on s'approche des marécages, les moustiques suceurs vous dévorent, et il s'en exhale une odeur plus fétide encore que celle que dégagent à marée basse les eaux de la Tamise à Londres. Les scorpions sont blottis partout sous la pierre que vous soulevez, il n'y a d'inoffensifs que le singe, qui y vit en troupes nombreuses, et le crapaud. Ce dernier, qu'aucun pied humain n'écrase, doit atteindre dans ces humides solitudes une longévité biblique : aussi est-il d'une grosseur hors de proportion.

Sur tout le littoral de la Côte d'Or, les cours d'eau qui se jettent à la mer sont barrés par de larges bancs de sable, et des falaises escarpées, se dressant à une grande hauteur, surplombent aux embouchures comme d'immenses portiques. Ces escarpements sont sans cesse battus par les vagues que balaient les vents de l'Atlantique, et ne sont jamais sans danger pour les navigateurs, qui ont à en redouter le subit éboulement. Les lits des rivières, à sec pendant l'été, se métamorphosent l'hiver en torrents impétueux ; les galets, les pierres roulées, les arbres morts en obstruent le parcours. Si un indigène veut franchir une de ces barres dangereuses pour aller à la pêche en mer, il est obligé de lancer du rivage sa barque au moment où passe une grosse lame, et de s'y précipiter lui-même à la suite pour rattraper à la nage son embarcation entraînée au large. Si on réussit à franchir la passe, afin de remonter par eau dans les terres, on se trouve enfermé entre deux rives à horizon restreint; les yeux, fatigués bien vite d'une vue si peu étendue, se lassent encore en ne découvrant à droite et à gauche qu'épaisses forêts et jungles impénétrables.

L'année météorologique se divise, comme dans toutes les régions intertropicales, en deux saisons, la saison des pluies et la saison sèche. La première commence en mai et se termine en septembre. A peine le soleil reparaît-il que la végétation change d'aspect; le sommet des grands arbres prend une légère teinte dorée, les lianes aux fleurs brillantes, et qui formaient d'élégants dômes de verdure, se dessèchent et tombent sur le sol décolorées. Les jungles, les joncs verdoyants, qui en plusieurs lieux s'étendent fort loin, comme aux environs de Coumassie, la capitale des Achantis, perdent en quelques jours leur éclat, torriflés qu'ils sont par les rayons d'un soleil de feu. Au moment, où les Anglais ont commencé leur expédition, la chaleur était épouvantable. Il devait y avoir avant la fin de l'année une baisse probable de température, et c'était dans cette courte période précédant les pluies torrentielles, c'est-à-dire jusqu'en mars, qu'il leur fallait frapper rapidement et sûrement. Quoique en moyenne il fasse à midi de 25 à 35 degrés à l'ombre, les nuits ont des fraîcheurs mortelles pour les Européens. L'atmosphère est d'ailleurs presque constamment chargée de miasmes délétères. Des brouillards épais couvrent les lieux humides; ce n'est qu'au milieu du jour qu'ils montent dans les airs en légers nuages blancs. De là les dyssenteries, la fièvre africaine et une foule de maladies d'épuisement.

Plusieurs grands royaumes et un nombre infini de tribus nègres occupent les terrains qui s'étendent du rivage de la Côte d'Or à la chaîne des montagnes Kong; c'est dans les premiers contreforts de ces hauteurs que se trouve le puissant royaume des Achantis et leur capitale Coumassie. C'est de là qu'ils sont si souvent descendus pour faire irruption sur les tribus du littoral et les possessions européennes. Le roi nègre le plus puissant des terres plates est celui d'Akim, qui peut mettre 20,000 soldats en ligne. Son royaume s'étend à l'ouest. Les Fantis occupent l'est, entre les cours du Bossum-Prah et du Volta. Il y a encore les rois de Wassaw, de Denkera et d'Assin, rois ennemis des Achantis et desquels les Anglais sauront sans doute se faire d'excellents auxiliaires. Tous ces nègres parlent le même langage. Ce sont les sujets de ces différents monarques de race noire qui ont fait et font encore avec les factoreries européennes de la côte le commerce de la poudre d'or, de l'huile de palme, de l'ivoire et de quelques pelleteries assez mal préparées. Les Anglais, quelques Américains troqueurs, des Hollandais en petit nombre, alimentent ces transactions en livrant du rhum, du gin, du tabac, des cotonnades et des armes à feu, très-variées dans leur forme et dans leur qualité. Les Français avaient autrefois fait quelques bonnes affaires à Acra, mais je ne sais pourquoi nos nationaux se sont depuis portés sur d'autres points. En somme, les transactions ont perdu leur plus grande importance depuis la suppression de la traite des esclaves, en vue de laquelle ont été élevés tous ces forts environnés des larges dépôts à nègres qu'on appelle des *baracons*. Ce ne peut être que par forfanterie que les Achantis sont descendus insolemment de leur plateau pour menacer ces établissements sans force et sans défense réelle. Il n'y a en effet de richesse commerciale qu'à l'ouest du cap des Trois-Pointes, c'est-à-dire dans la partie du pays dont la France est maîtresse.

L'or se rencontre en paillettes à la surface du sol, mélangé aux sables roulés jusque dans les terres plates par les eaux des rivières qui viennent des massifs montagneux. Le métal est retiré du

sable par un lavage primitif confié exclusivement
aux femmes; mais cette opération est si mal faite
que plus de la moitié des paillettes est rejetée à
l'abandon. C'est en vain qu'on a cherché à per-
suader aux nègres d'employer des procédés plus
lucratifs, une invincible défiance les empêche d'as-
socier les blancs à l'exploitation de leur terre dorée.
L'or est gaspillé par eux avec une étrange profusion
en ornements de toute sorte, d'un travail grossier
et sans le moindre goût. On assure que dans les
jours de grande fête, les hauts personnages se montrent couverts d'une telle quantité de bijoux sous
forme de colliers et de bracelets, qu'ils sont obligés
de se faire soutenir les bras par des esclaves pour
ne pas plier sous la charge. Les poids dont on se
sert pour peser les poudres d'or sont les fruits
rouges nommés *tilikissi*; mais ces poids sont bien
souvent faux, et les troqueurs de la côte d'Afrique
ne s'y fient jamais.

Le commerce avec l'Afrique occidentale procurait
à l'Angleterre en 1867 un revenu de 3,200,000 fr.,
qui en 1870 atteignait 4 millions; selon toutes les
prévisions, il en eût dépassé 5 en 1872, par suite
de l'acquisition des comptoirs hollandais, si la guerre
avec les Achantis n'était venue entraver les affaires.
On prévoyait pour la même année des exportations

excédant 50 millions, des importations qui eussent atteint 37 millions, ce qui représente un mouvement commercial de 87 millions de francs, mais il ne faut pas oublier que ces chiffres assez considérables avaient été établis avant l'insurrection. L'Angleterre retirera-t-elle de la lutte qu'elle engage un plus grand développement pour son commerce? Nous ne le pensons pas. Elle peut terrifier les Achantis; mais les faire désormais venir à elle pour troquer directement, ce n'est point probable. La guerre de 1863 a déjà coûté aux Anglais 2,500,000 francs; celle-ci en coûtera 20. Voilà donc déjà les revenus de plus de quatre années gaspillés, et tant de sacrifices pour obtenir une paix qui, à chaque printemps, sera remise en question!

Malgré le zèle déployé par les missionnaires catholiques et protestants, la plupart des nègres qui habitent le littoral et le pays montagneux sont encore adonnés au fétichisme. Ils croient néanmoins en une autre vie. Ils pratiquent toutes les superstitions nègres et maures. Une des plus étranges croyances de ces tribus est la légende d'un enfant qui existe depuis la création du monde, qui ne boit ni ne mange, et reste toujours enfant. Des démons désignés sous le nom de *wodsi* occupent aussi une

place importante dans leurs superstitions. Ils se
font de l'âme humaine (*kra* ou *kla*) une idée assez
originale. Le *kla* existe avant le corps et peut être
transmis d'un corps à l'autre; il est en quelque sorte
distinct de l'homme charnel, auquel il donne des
avis, et peut en recevoir des hommages et des of-
frandes. De plus le *kla* constitue une dualité mâle et
femelle, une association des deux principes du mal
et du bien. On voit que ces sauvages africains ont
trouvé tout seuls la théorie de Xavier de Maistre
sur l'*âme et la bête* qui sont en nous, et qui se partagent ou plutôt se disputent sans cesse le gouvernement de nos actions.

Il est d'usage dans la contrée que, si un roi meurt
sans avoir été tué sur le champ de bataille, son
corps ne soit pas enterré dans la sépulture de famille. Le dernier souverain des Achantis, le feu
roi Quahou-Duah, a eu la triste et misérable des-
tinée de mourir dans son lit, c'est-à-dire sur sa
natte : aussi son pieux descendant Kofi Kalkalli, le
roi actuel, s'est-il longtemps préoccupé du moyen
d'enlever cette flétrissure à la mémoire de son prédécesseur. Il croit y avoir réussi en plaçant les ossements du pacifique défunt au milieu de ses troupes,
en les faisant transporter dans une litière et en les
conduisant partout où il y avait une mêlée sanglante.

Dans une bataille qui eut lieu au commencement de l'année, les ossements de Quahou-Duah, mal gardés sans doute, furent pris par les ennemis et portés comme trophées, à ce que supposent les Achantis, au château de Cape-Coast. Conformément à leurs croyances, le malheureux monarque est considéré comme prisonnier de guerre. Bien profondément dans le sein de la terre est un sombre pays où les rois nègres, richement habillés, couverts d'or, entourés de leurs nobles, servis par leurs esclaves, règnent comme ils ont régné sur terre; mais c'est un règne sans fin. Un trône d'or reste inoccupé, c'est celui de Quahou-Duah. Exilé loin de ses frères rois, le fantôme royal attend au bord de la mer, dans la forteresse de Cape-Coast, que son fils vienne le délivrer. Le correspondant d'un journal anglais, qui a eu vent de cette légende, conseille au gouverneur, pour ôter à ce fils trop dévoué à la mémoire de son père l'envie de venir à Cape-Coast, de lui envoyer les premiers ossements venus.

Malheureusement les mœurs des Achantis ne le cèdent guère en férocité à celles des nègres du royaume voisin de Dahomey; les sacrifices humains y sont en honneur et sont le complément obligé de toutes les grandes solennités. Lors de la fête du

*Yam*, qui a lieu au commencement de septembre, comme à celle de l'*Adaï*, qui se célèbre toutes les trois semaines, le sang est répandu à flots. La foule assemblée, ivre de rhum, s'excite par une musique sauvage, par des cris et des danses, après quoi on lui livre les victimes, des prisonniers de guerre en général, et qui sont égorgés avec une cruauté inouïe. N'oublions pas de dire que le gouvernement est despotique, qu'il l'est de la manière la plus absolue, et que le sang des nègres y est versé avec une facilité prodigieuse.

Le mépris des Africains pour la mort est d'ailleurs extrême, il est commun à tous, et en cela, les Nègres ressemblent aux Asiatiques. Les Achantis croient fermement qu'une âme vit dans la tombe où le corps est enfoui, et qu'elle en sort pour visiter ceux qu'elle a tendrement aimés. D'autres, plus spiritualistes, affirment que les âmes n'ont rien à regretter de leurs dépouilles mortelles, et qu'elles vivent dans une sorte d'Eden situé quelque part dans les cieux ou dans les entrailles de la terre.

Selon la croyance des Achantis, les animaux, les arbres, les rivières et tout ce qui croît et se meut, les pierres, les meubles d'une maison, et même les vêtements d'une personne, possèdent une âme ; comme en Chine, lorsqu'un homme meurt, des aliments sont placés sur sa tombe, et *l'esprit* du défunt vient manger les *esprits* des aliments.

Les Achantis jouissant après la mort d'une vie sans fin dans un monde quelconque, les survivants regardent comme un devoir sacré de leur envoyer des esclaves, des cadeaux, des armes ou de beaux vêtements. Mais qui portera ces présents dans le monde occulte ? Les femmes et les esclaves. Ces derniers ont la spécialité des sombres messages. S'il meurt un chef, c'est par centaines de captifs que la famille envoie au défunt ses compliments de condoléance. Au Dahomey, l'usage d'envoyer aux morts des nouvelles est aussi très-fréquent.

Ces idées sur un autre monde expliquent et excusent même, en se plaçant au point de vue des croyances des Achantis, les sacrifices humains. Le jour où ces noirs seront atteints par le scepticisme européen, qu'ils auront perdu leur crédulité sauvage, ce jour-là, ils ne feront plus aussi bon marché de leur vie, ni de celle des autres. Les Chinois, qui croient fermement à la métempsycose, sont tous aussi indifférents que les Achantis à l'idée de mourir, et il en a été de même et il en sera de même encore pour tous ceux qui croient fermement en une autre existence, préférable à celle dont nous jouissons.

Un des missionnaires prisonniers des Achantis,

M. Kühne, a raconté qu'une femme d'Akopong,
chargée de porter un message funèbre à son époux
défunt, fut dépouillée de ses vêtements et laissée
comme morte au champ d'exécution ; des esclaves
auxquels on avait coupé la tête pour l'accompagner
gisaient dans des mares de sang à côté d'elle.
N'ayant été qu'étourdie par un coup de massue, la
malheureuse sortit lentement de sa léthargie ; elle
contempla froidement l'horrible spectacle qu'elle
avait sous les yeux, puis maîtresse entièrement de
ses sens et de ses forces, elle se dirigea vers Akopong, sa ville natale. Dans une autre contrée, une
femme eût pris la fuite ; celle-ci imagina de raconter, aux anciens réunis en conseil, qu'elle venait
de remonter de la terre des morts, où, dès son
arrivée, elle s'était vue entourée de la foule immense
de ses compatriotes. « En me voyant toute nue,
dit-elle, les esprits m'ont fait honte de ma pauvreté, et n'ont jamais voulu croire que étant si
misérable, j'aie été choisie pour leur porter un
message. Ils m'ont chassée, mon époux m'a
reniée ; habillez-moi avec luxe ou laissez-moi vivre... »

Les anciens ne doutèrent pas de la vérité de ce
récit ; ils vêtirent la femme comme une reine et la
renvoyèrent au champ d'exécution escortée de

bourreaux. Cette fois, le coup qu'elle reçut la laissa pour toujours inanimée. Il est évident que cette coquette n'avait imaginé son voyage chez les morts que pour porter une belle toilette.

Indépendamment de ces sacrifices particuliers, les Achantis offrent de nombreuses victimes expiatoires à leurs dieux. C'est surtout en temps de guerre que ces holocaustes sont fréquents. Les restes de ceux qui ont été immolés sont abandonnés sur les routes par lesquelles on suppose que l'ennemi doit se montrer. Les Achantis comptent aussi sur la terreur que ces hideuses dépouilles doivent jeter dans l'esprit de leurs adversaires.

On verra plus loin que les Anglais, dans leur marche sur Coumassie, rencontrèrent partout sur leurs pas non-seulement beaucoup d'animaux morts, mais encore le corps d'un jeune guerrier achanti, sacrifié aux dieux de la guerre.

Le Danois Roemer, qui a visité les Achantis au siècle dernier, raconte comme il suit l'accueil que lui fit le roi Opoccou. Ce monarque était assis sur un trône d'or, à l'ombre d'un arbre aux feuilles également en or. Son corps, long et maigre, était enduit de suif et saupoudré de paillettes du précieux métal. Il portait gravement un chapeau européen à large galon, et ses pieds reposaient dans

un bassin en or; depuis le col jusqu'aux talons, les
cornalines, les agates, les lapis-lazuli, s'enlaçaient
lourdement en bracelets et en chaînes. Les nobles
étaient couchés par terre, la tête couverte de poussière. Une centaine de plaignants et d'accusés
étaient dans la même posture; derrière eux, vingt
bourreaux attendaient le signal du roi, qui ordinairement terminait les différends des plaideurs en
tranchant la tête aux deux parties. Après quelques
compliments, le roi but de la bière anglaise dans
une bouteille qu'il fit passer à l'envoyé du Danemark, et comme celui-ci n'en but que très-peu sous
prétexte qu'il craignait de se griser : « Ce n'est
pas la bière qui te grisera, répliqua le monarque,
c'est l'éclat de mon visage : il plonge l'univers
dans l'ivresse. »

Au printemps de 1817, une mission conduite
par M. Edward Bowdich fut envoyée de Cape-
Coast à Coumassie, qu'elle atteignit après vingt-
huit journées de marche très-pénible. Elle fut
accueillie par un flot de plus de cinq mille
personnes, qui mêlaient à leurs cris sauvages les
sons de leur musique et des décharges de mousqueterie dont la fumée enveloppait les voyageurs,
tout cela accompagné de danses guerrières et de
gestes frénétiques. Sur la route, un spectacle hor-

rible arrêtait les regards : c'était un malheureux
que l'on torturait avant de le sacrifier. Il avait les
mains liées derrière le dos, un couteau était passé
à travers chacune de ses joues ; une de ses oreilles,
déjà coupée, était portée devant lui ; l'autre pen-
dait de sa tête ; il avait des blessures dans le dos
et un couteau enfoncé dans chaque épaule. Des
bourreaux, la tête enveloppée d'immenses bonnets
à poils de singe noirs, le conduisaient par une corde
passée à travers le nez. Les voyageurs trouvèrent le
roi entouré d'une foule de guerriers couverts de tant
d'ornements que sous les rayons du soleil l'éclat de
leurs parures devenait presque aussi insupportable
que l'étouffante chaleur de l'air. Les chefs avaient
des vêtements de soie d'une extrême magnificence,
et derrière les divers dignitaires on portait une
quantité de pièces de lourde argenterie et des objets en or massif de toutes les formes. M. Bowdich
vit avec surprise au milieu de ces nègres un certain
nombre de Maures, coiffés de turbans et vêtus de
longs habits de satin blanc, qui le suivaient d'un
œil malveillant. La méfiance jalouse de ces Maures
faillit empêcher le succès de la mission dont il était
chargé, et ce ne fut qu'après une longue et périlleuse négociation qu'il parvint à conclure avec le
roi des Achantis un traité de commerce avantageux

pour l'Angleterre, mais qui ne fut pas longtemps respecté. De retour à Londres, Bowdich insista pour se faire accréditer comme consul à Coumassie; mais la rudesse de ses manières le fit mal accueillir par les ministres. Il se retira d'abord en France, puis mourut en 1823, âgé de trente ans, au début d'un second voyage en Afrique. Le livre qu'il a publié sur sa mission abonde en renseignements curieux.

Un autre voyageur, qui en 1847 a pu visiter Coumassie, la capitale des Achantis, rapporte qu'il y fut reçu très-simplement par le roi Quahou-Duah en audience publique et en présence d'une foule nombreuse. Sa Majesté était assise sur un tertre, sous un dais de velours vert, au centre d'un demi-cercle formé par les grands du royaume. Chaque dignitaire s'abritait également sous un parasol de couleur orné de rubans et de petits miroirs, et avait deux esclaves à ses côtés qui l'éventaient. Après les salutations d'usage, on offrit à l'étranger un verre de vin de palme, qu'il but à la santé du roi, puis l'un des chefs nobles se mit à exécuter un pas seul en l'honneur de l'hôte blanc. Le cortége partit ensuite pour la capitale, — l'audience ayant été accordée à quelque distance de la ville, — conduit par une bande de musiciens dont les tambours étaient recouverts de linges maculés de sang, ornés de crânes, de tibias et d'autres reliques des victimes sacrifiées au son de ces lugubres instruments. Après cette cérémonie, l'étranger fut admis à circuler dans la ville, dont les rues sont larges et les maisons, disposées en quartiers, d'un modèle uniforme. Sur la chaussée, chaque habitation a une sorte de terrasse ou de portique, haut d'un peu plus d'un mètre, où les passants peuvent chercher un abri contre la pluie et le soleil ; au centre est une porte qui donne passage dans la cuisine, autour de laquelle sont distribuées les chambres à coucher ou autres. Les maisons sont bâties en bois de charpente dont les pièces sont unies par des cordes tressées avec des fibres végétales et qui enlacent des feuilles de bambou assemblées en nattes grossières. Quant à l'aspect de la ville en général, elle fit au narrateur l'effet d'un véritable charnier humain. Les rues étaient ensanglantées sans cesse par des meurtres ou des actes de justice du roi ; du 20 au 28 octobre, après la mort d'un parent du monarque, notre voyageur a compté et inscrit sur son journal plus de 110 victimes sacrifiées sous ses yeux ou à sa connaissance.

L'esprit guerrier est naturellement très-développé chez les Achantis : beaucoup ont de très-lourds fusils fournis par les comptoirs hollandais.

d'autres possèdent déjà des carabines Enfield.
Dans l'une des rencontres, un soldat de la
milice indigène employée par les Anglais a été
tué par un Achanti à une distance qui indique la
possession d'armes à grande portée et une manière pratique de s'en servir. Quand pour leurs
fusils de gros calibre le plomb fait défaut, ils
trouvent commode de les remplir avec des cailloux. Les soldats ordinaires sont presque nus ; ils
portent plusieurs couteaux suspendus à un collier
et de plus l'arc et la lance. Le costume d'un chef
consiste en une sorte de casque formé de cornes de
cerf dorées, surmonté de plumes d'aigle et qui
s'attache sous le menton ; des queues de cheval
pendent de ses bras, sa poitrine est couverte de
plusieurs sacs de cuir, et des bottes de peau rouge
lui vont jusqu'à mi-cuisse. Les princes (*cabocir*)
montent à cheval, et portent une ombrelle comme
signe de leur rang.

Le roi des Achantis n'a point d'armées perma-
nentes. Aussitôt que la guerre est déclarée, chaque
Achanti prend son fusil, ceint sa cartouchière, et
va se mettre aux ordres du chef qui lui a été désigné. Quoique le roi commande despotiquement, il
réunit les généraux dans les circonstances graves
pour entendre leur avis.

Dès que les armées sont en marche, les femmes, dépouillées de leur vêtement, et couvrant leur corps de craie blanche, courent dans les rues des villes désertes pour voir si des soldats réfractaires n'y restent pas cachés ; si elles en rencontrent, elles les battent et les forcent à partir.

Il n'y a pas d'intendance, car les hommes doivent vivre des produits du pays ennemi, mais l'armée est suivie de charpentiers, de forgerons, d'armuriers, de marchands, et même de prêteurs d'argent à gros intérêt. Lorsque le combat s'engage, les femmes des guerriers se tiennent derrière eux, leur font passer de la poudre et des balles, toutes les animant de la voix. À l'avant-garde, et en éclaireurs, sont placés les esclaves.

Le roi, assis sur un siége d'or, et les principaux chefs restent à l'arrière de l'armée, assistés par des jeunes gens agiles et robustes chargés de porter les ordres et de massacrer quiconque tenterait de fuir. Le souverain, pour donner plus de confiance aux troupes, a l'air, pendant la mêlée, de jouer aux dés ou à tout autre jeu.

S'il y a défaite, bon nombre de chefs se suicident : debout sur un baril de poudre, ils se font sauter. La devise de ces chefs héroïques qui préfèrent la mort à la défaite mérite d'être citée en

raison de sa noblesse : « LA HONTE SEULE NOUS FAIT
MOURIR. » Les soldats ont aussi un chant de guerre
dont les paroles signifient : « Si nous allons en
avant, nous mourrons ; si nous reculons, nous
serons tués, mieux vaut aller devant nous. » Victorieux ou vaincus, les chefs doivent une redevance
au roi, soit en poudre d'or, soit en esclaves ; ceux
qui ne peuvent rien payer ou n'ont pas d'esclaves à
donner, doivent préférer le suicide à la honte de
recevoir la mort des mains des bourreaux du roi
pour crime d'insolvabilité.

Les Achantis ne bornent pas leurs connaissances
à l'art de la guerre ; leur diplomatie est très-habile,
et d'autant plus dangereuse, qu'ils n'ont ni scrupule,
ni religion. Leurs enfants ne vont pas à l'école, il
est vrai, mais tous les jours, sous la hutte, ils
entendent leurs pères parler de bataille, et de tout
ce qui a trait à leurs lois et à leur religion. Ils
n'hésitent jamais dans l'intérêt de leur pays à faire
un mensonge, mais ils hésitent toujours à croire
leur ennemi. Sir Garnet Welesley qui dirigea contre
eux la campagne actuelle, fut très-souvent joué par
ces diplomates noirs.

Voici un exemple de leur insigne mauvaise foi.
Depuis quatre ans le roi des Achantis gardait prisonniers auprès de lui trois captifs européens,

Kühne, un Allemand, monsieur et madame Ramseyer, Suisses. La mission de Basle, à laquelle ils appartenaient, offrit mille livres sterling pour leur délivrance. Le roi eut l'air d'être satisfait de la transaction, envoya un chef à Elmina pour toucher la somme, mais sans faire accompagner son émissaire par les malheureux prisonniers. On refusa de lui verser l'argent. Le chef revint alors auprès du roi, escorté d'un indigène chrétien d'Elmina, nommé Plange. Mais ce fut en vain que ce dernier plaida la bonne foi de la mission, on le flagella, les missionnaires furent maltraités et dépouillés du peu qu'ils avaient.

L'histoire de la captivité de Kühne et de ses compagnons est assez dramatique pour trouver sa place dans ce récit. Elle a été racontée par un des captifs à M. Winwood Keade, le « spécial correspondant du *Times* », qui l'a reproduite à son tour dans un intéressant volume intitulé *The story of the Ashantee campaign* [1].

C'était en juin 1869, au moment où les Achantis recommençaient une de leurs invasions vers le littoral, que les missionnaires furent pris. Dès que l'approche des Achantis fut certaine, on les avait

---

1. London, Smith Elder, 1874.

engagés à abandonner leur établissement, situé dans la ville d'Anum, sur les bords du Volta. Confiance étrange, la mission croyait en l'honnêteté de ces noirs; elle se borna à renvoyer ses domestiques indigènes, dans la crainte qu'ils ne fussent pris et traités comme esclaves.

L'établissement des missionnaires est situé à une faible distance de la ville, sur une hauteur dominant une vue superbe, et du haut de laquelle l'œil se plaît à suivre les sinuosités du Volta, aux eaux bleuâtres. Il y avait en dépôt, dans des magasins de la mission, des marchandises pour une valeur de cinquante mille francs environ.

Le 12 juin, Kühne crut distinguer un bruit confus de voix dans la ville d'Anum, désertée depuis quelques jours par sa population. Madame Ramseyer étant venue quelques instants après sur la vérandah étendre du linge, vit tout à coup briller au-dessous d'elle, dans l'herbe, des canons de fusils, puis, vingt hommes en sortir et la mettre en joue. Loin de s'effrayer, elle les salua d'une façon amicale, et rentra lentement dans son appartement pour aviser Kühne et son mari de ce qu'elle venait de voir. Ces derniers sortirent sans armes, et s'avançant vers les assaillants, leur demandèrent avec douceur s'ils étaient des Achantis. Sur la réponse affirmative des hommes armés, des poignées de main furent aussitôt échangées, mais les noirs demandèrent avec autorité que l'on allât tous ensemble parler à leur général.

Les missionnaires répondirent que, n'ayant pas de domestiques pour garder leur maison, ils ne pouvaient l'abandonner ainsi à la discrétion du premier venu; celui qui commandait aux vingt hommes offrit d'y placer des sentinelles. Les missionnaires, voyant qu'il leur serait impossible de résister, se mirent en route pleins de crainte, accompagnés de madame Ramseyer, qui portait dans ses bras un enfant nouveau-né. A peine avaient-ils fait cent pas, qu'ils rencontrèrent des Achantis allant dans la direction de la mission, où, ainsi qu'ils l'apprirent bientôt, tout fut mis au pillage.

Anum est composée de trois villes séparées par des cultures et des jardins; quand les captifs européens arrivèrent dans la première, on leur dit que le général des Achantis, le fameux Adoo Buffoo, était dans la seconde, quand ils furent dans la seconde, on les envoya à la troisième. En fait, il n'était dans aucune d'elles. Ce ne fut qu'après une longue journée de marche, qu'ils arrivèrent en présence d'un roi d'Aquamoo; ce petit souverain leur dit qu'il était dans l'impossibilité de les protéger, et que leur sort ne dépendait pas de lui.

Le lendemain, les missionnaires se remirent en route, pour tâcher de rencontrer le général introuvable. L'escorte, polie jusqu'alors, devint bientôt grossière, et madame Ramseyer ayant perdu un de ses souliers dans un marais, fut empêchée d'aller le reprendre. Kühne, de son côté, ayant voulu intervenir, fut menacé du fouet.

En ce moment on entendit dans le voisinage une très-vive fusillade. C'étaient les Achantis qui livraient bataille à une fraction de Kreepees, commandés par un aventurier du nom de Domprey. Plusieurs soldats couverts de sang passèrent à côté des missionnaires et s'écrièrent avec rage en voyant qu'ils étaient étrangers :

— Ah ! c'est vous qui apprenez à nos ennemis à combattre ! Eh bien, nous, nous savons manger les blancs !

Heureusement l'escorte intervint et protégea les captifs contre la fureur de ces blessés. Arrivés à l'arrière-garde de l'armée, MM. Kühn et Ramseyer virent des hommes armés de fouets en peau de rhinocéros flagellant ceux des Achantis qui voulaient fuir ; d'autres, au moyen d'un petit instrument, imitaient le sifflement des balles et cela avec une telle perfection que, plus d'une fois, l'escorte courba instinctivement la tête comme si elle s'était trouvée au centre de la mêlée.

Dans un village, on fit la rencontre d'un nombre assez considérable de morts étendus sur l'herbe. Des femmes pleuraient, poussaient des cris déchirants, pendant que d'autres mettaient les corps dans des paniers d'osier avant de leur donner la sépulture.

Cent fois, dans ces rencontres, les prisonniers européens faillirent être massacrés. A la tombée du jour, ils arrivèrent devant un homme couvert d'un drap blanc, assis sur un escabeau, c'était le chef des Achantis, le général Adoo Buffoo. L'escorte s'agenouilla devant lui. Au même instant, des jeunes noirs se précipitèrent sur madame Ramseyer et la dépouillèrent de ses vêtements ; d'autres, armés de longs couteaux, saisirent les hommes et leur mirent des fers aux pieds.

Kühne fut conduit dans la hutte d'un chef qui avait reçu cinq blessures, et qui les lavait avec de l'eau tiède. Il fit signe au missionnaire qu'il voyait exténué de s'asseoir, puis, le regardant d'un air sévère, il s'informa s'il venait d'être fait prisonnier. Le malheureux raconta son histoire, ajoutant qu'il était prêtre et qu'il ne se battait jamais. Cette réponse parut adoucir le blessé, mais les fers ne lui furent pas enlevés. Au même moment, M. Kühne entendit les voix de M. et madame Ramseyer qui priaient dans une hutte voisine ; il leur fit ses adieux en élevant à son tour la voix et comme s'il était en prière.

Leurs existences furent cependant préservées, mais tout ce qu'ils possédaient leur fut enlevé. Adoo Buffoo les envoya à Coumassie, où ils n'arrivèrent qu'au mois d'août après avoir parcouru une partie du territoire des Kreepees, traversé le Volta, un grand désert, des forêts et des jungles. Dans un village, auprès de Coumassie, ils rencontrèrent un Français, M. Bonnat, qui avait été pris à Ho, par les Achantis. Notre compatriote était resté dans sa plantation à l'approche des noirs avec l'espérance de leur vendre des fusils et de la poudre. Les Achantis lui volèrent ses munitions sans aucun scrupule et le firent prisonnier pour compléter sa mésaventure.

Dans le long trajet qu'il leur fallut faire avant d'atteindre Coumassie, madame Ramseyer perdit son enfant. Le sein de la malheureuse mère s'était desséché. Frappant de porte en porte, elle avait pu obtenir par charité, dans les villages qu'elle traversait, le lait nécessaire à son enfant, mais, peu à peu, les forces du petit être s'étaient affaiblies ; à la fin de juillet il expirait.

Les captifs furent assez bien traités par les Achantis, qui ne se montrèrent jamais cruels pour eux. Le roi leur fit même remettre quelques présents, et de la poudre d'or avec laquelle tous les mois les provisions nécessaires à leur existence étaient achetées. En mai 1873, le souverain les rencontra dans une des rues de la capitale ; il était porté dans une sorte de panier ou berceau et habillé de drap rouge et de fragments de peau de léopard ; à son cou brillait un collier en boules d'argent, signe que son peuple était en guerre.

Le roi descendit de son panier, tira son épée et se mit à danser devant les missionnaires en disant que si les Européens entraient en guerre avec lui il leur arriverait malheur. Il n'en fut heureusement rien, comme on le verra par la suite. La peur de voir les Anglais entrer en vainqueurs à Coumassie leur valut la liberté.

Plusieurs écrivains anglais estiment à 1 million la population totale du royaume des Achantis, et 200,000 hommes, c'est-à-dire un cinquième, seraient en état de porter les armes. La capitale Coumassie, qui a, dit-on, près de 50,000 habitants,

n'est éloignée de Cape-Coast en ligne droite que
de 130 milles anglais ou 200 kilomètres, mais les
nombreux détours de la route qui y mène portent
la distance à 300 kilomètres au moins. Cette voie
n'est, à vrai dire, qu'un sentier large de deux pas,
bordé de chaque côté d'arbres à feuillage touffu, ce
qui fait qu'après une légère pluie, ou même après
une rosée un peu abondante, les habits du voyageur sont trempés littéralement dès la première
heure de marche. La ville est située sur une émi-
nence qu'une large rivière marécageuse baigne de
tous les côtés, sauf au nord. Le pays est plat et
couvert de forêts ; à 5 ou 6 kilomètres au sud de
Coumassie est une vaste savane dont l'herbe dense et
touffue atteint 3 mètres de hauteur. Dans la saison
sèche, il suffirait de quelques brandons enflammés
pour défricher le terrain ; c'est le système dont on
se sert dans l'Indo-Chine lorsque les colons veulent
assainir et préparer pour la culture de grandes
étendues couvertes d'un jonc élevé, ondoyant comme
la mer dès que souffle la bise, et que les Indiens
appellent *coconal*.

Edward Bowdich met hors de doute l'origine
éthiopienne de ce peuple. Le roi des Achantis,
comme les souverains éthiopiens, ne mange jamais
en public, il vit retiré dans les profondeurs de son

palais, et c'est un crime puni de mort de s'asseoir en sa présence. Hérodote raconte que les Égyptiens mangeaient dans la rue, mais que pour toutes les autres fonctions naturelles, ils se tenaient cachés dans leurs maisons ; ces coutumes se retrouvent chez les nègres achantis, et, circonstance bizarre, on ne les rencontre pas chez d'autres races noires. Les prêtres d'Égypte portaient des habits d'une blancheur éblouissante et nourrissaient des animaux sacrés ; le souverain nègre et ses dignitaires portent des vêtements blancs les jours de fête, et les sorciers entretiennent des crocodiles énormes qu'ils engraissent avec des poulets blancs.

Quelle que soit l'origine des Achantis, il est certain qu'ils diffèrent de la race nègre autant par le courage et les mœurs que par l'intelligence. Ils connaissent le tissage, la broderie, la poterie, la fabrication des cuirs, l'art de travailler les métaux, l'orfévrerie, et jusqu'à l'architecture. Un oiseau se trouve peint souvent sur la façade des maisons, sur les armes ; est-ce l'ibis des Égyptiens ? Une preuve que le beau est compris à Coumassie, c'est que tout prétendant frappé d'un défaut corporel est exclu du trône. Les femmes de la famille royale peuvent s'abandonner aux caprices les plus fantaisistes, même avec leurs sujets de race inférieure, pourvu qu'ils soient beaux et très-bien constitués. La descendance légitime par la femme est la conséquence de cette tolérance accordée aux reines; ainsi au roi succèdent d'abord ses frères comme issus de la même mère, puis les enfants de sa sœur.

II



La lutte que l'Angleterre s'est vue obligée de soutenir contre les nègres de la Côte d'Or, et dont nous raconterons tout à l'heure en détail l'origine, a remis sur le tapis une question qui a été souvent agitée : les colonies africaines valent-elles la peine d'être gardées au prix des sacrifices qu'elles coûtent périodiquement en hommes et en argent ? M. Bright, l'adversaire le plus décidé de la politique coloniale actuellement suivie, a de nouveau recommandé l'abandon des postes militaires entretenus à grands frais sur ces côtes malsaines, au milieu de peuplades réfractaires à la civilisation ; à l'entendre, le trafic avec l'intérieur

n'en prospérerait que mieux. Ses conseils ne sont
pas restés sans échos dans la presse ; mais ils sont
peu conformes au sentiment public. Si le climat
meurtrier de ces contrées empêchera toujours les
*settlements* de prendre une importance analogue
à celle de l'empire indien, on ne peut cependant
nier qu'ils ne donnent lieu à un commerce florissant,
et l'expérience a démontré que des positions fortes
sont indispensables à la sécurité de ce commerce.
Comme l'a fait justement remarquer lord Derby,
l'extension immense de l'empire britannique le met
en contact avec toutes les races du globe et expose
ainsi l'Angleterre à des collisions inévitables, qu'il
faut accepter comme un mal nécessaire et d'où il
faut tâcher de sortir le mieux qu'on peut : en toute
entreprise, on doit faire la part du feu. La guerre
avec les Achantis est une de ces crises auxquelles
il faudra toujours s'attendre de temps en temps ;
il est possible qu'on eût pu l'éviter par une politique plus décidée et plus prévoyante ; mais les
avis ont été toujours très-partagés sur le régime
qu'il convient d'appliquer aux *settlements* pour y
assurer la paix et la tranquillité.

Un officier de la marine anglaise a écrit au
*Times* une longue lettre dans laquelle il explique
les causes des conflits qui existent d'une manière

permanente dans ces colonies. D'abord les négociants anglais traitent en général les noirs comme gent taillable et corvéable ; ils arrêtent les débiteurs insolvables et les obligent à travailler pour l'argent qu'ils doivent. C'est ainsi que le représentant d'une maison de Bristol s'est emparé un jour du roi de Camerones, Charley Dido, et l'a condamné de sa propre autorité au travail forcé. En principe, les nègres, semblables en cela aux Indiens de l'Orient et aux Malais, ne trouvent rien à redire, — s'ils sont fautifs, — à ces exécutions sommaires ; mais, s'ils sont innocents et châtiés injustement, leur vengeance est inévitable et terrible : ils assassinent, empoisonnent les vivres, pillent les bateaux, et mettent le feu aux fabriques. Les colons qui ont éprouvé des dommages ou passé par quelque tentative de meurtre se plaignent alors au commandant du premier navire de guerre venu, qui s'efforce de capturer des notables de la tribu hostile, ou bien qui fait bombarder les villages et trouer les canots des nègres. Lorsque les *kroumen*, c'est-à-dire les coulies indigènes, sont transportés dans les pays où ils sont engagés comme ouvriers, on les fait travailler à bord pour payer leur voyage, et, quand il y en a trop pour les utiliser dans la manœuvre, les capitaines des navires marchands anglais les vendent quelquefois comme esclaves. On comprend qu'il y a là les germes des conflits les plus sérieux, et on y découvre sans peine la raison de la haine que les nègres ont pour les Anglais. Lord Grey, l'ancien secrétaire d'État pour les colonies, écrit également au journal de la Cité pour accuser la mauvaise politique suivie dans les *West-Africa settlements*. Après la guerre de 1863, une commission, ayant à sa tête sir C. Adderley, a présenté un rapport qui recommandait d'appliquer largement à ces colonies noires le principe du *self-government*, en attendant qu'il fût possible de les abandonner complétement à elles-mêmes. Le gouverneur Pine essaya effectivement de constituer une fédération des Fantis, mais sa retraite empêcha la réussite du projet. Une tentative plus récente a échoué aussi parce qu'elle était mal engagée : il aurait fallu qu'un officier anglais fût investi du pouvoir exécutif pour qu'une telle entreprise présentât quelques chances de durée et de succès. Voici comment elle avorta.

Au mois de novembre 1871, une trentaine de chefs des tribus qui peuplent la Côte d'Or s'entendirent pour fonder une « confédération » qui devait avoir à sa tête un président avec un conseil et une chambre législative. Une constitution en 47 articles fut signée par les trente rois nègres assemblés à Makessim ; deux d'entre eux qui savaient écrire y mirent leur nom orné de paraphes fantastiques, les autres se contentèrent de faire une croix au bas de l'acte. Il y était question d'écoles à fonder et de routes à construire. L'article concernant les finances portait que la caisse aurait trois serrures dont les trois clefs seraient confiées au ministre des finances, au roi président et au vice-président de la fédération. Cette constitution, œuvre des missionnaires wesleyens qui se sont établis depuis 1834 dans ces contrées, fut violée le jour même où elle fut votée ; ne pouvant s'accorder sur le choix du président, on en nomma deux pour mettre d'accord Quasi-Edou et Anfou-Otou, les deux compétiteurs. Trois *gentlemen* noirs auxquels avaient été conférées les fonctions de ministres se rendirent à Cape-Coast-Castle afin d'informer de ces faits l'administrateur des possessions britanniques dans ces contrées, M. Salmon. Ce dernier commença par les mettre en lieu sûr. Pendant ce temps, la « confédération » avait déjà nommé son représentant à Londres, qui s'empressa de protester auprès du ministre des colonies contre les procédés cavaliers de M. Salmon ; le comte Kimberley répondit qu'il ne connaissait pas de

« confédération de Fantis, » et les choses en sont
restées là.

Le déplorable état où se trouve aujourd'hui la
république de Libéria, fondée en 1817 sur un autre
point de la côte de Guinée, montre assez ce qu'on
peut attendre de ces essais d'autonomie appliqués
aux nègres. Depuis 1870, cette république avait pour
président un gentleman noir, E. J. Roye, qui vint
à Londres en 1871 pour y négocier un emprunt.
De retour à Monrovia, il partagea les sommes
obtenues avec deux ou trois de ses intimes; mais
son peuple eut vent de l'affaire, et le 26 octobre les
Monroviens jetèrent en prison leur président avec
tout son conseil. La malheureuse république est
devenue d'ailleurs un repaire de brigands; le gouvernement britannique réclame environ 300,000 fr.
de dommages-intérêts pour des actes de pillage
commis au préjudice de la reine Victoria, et les
hommes d'État noirs se lamentent devant la perspective d'avoir à payer cette « somme énorme, »
pour laquelle ils proposent de céder le territoire du
cap des Palmes, habité également par des pirates
de la pire espèce. En fait, les traitants sont les seuls
maîtres de Libéria, parce que seuls ils possèdent,
et que tout le négoce est entre leurs mains. A eux
l'huile de palme, le riz, le poisson salé, le tabac,

et les électeurs. Ces excellents patriotes ne lâchent les vivres que lorsque les citoyens noirs votent comme ils le désirent. « Si tu ne votes pas comme je veux, tu n'auras pas de quoi manger. Si tu refuses, va trouver le gouvernement et qu'il te nourrisse ! » Mais, hélas! les caisses de l'Etat sont vides, et le papier-monnaie est sans valeur; le Libérien, comme le Romain des césars, vote pour qui le nourrit.

On le voit, dans ces contrées africaines la civilisation n'arrive pas à prendre racine. Ce que la force y établit s'écroule aussitôt que la force disparaît. Il ne reste partout que des ruines, et en maintes solitudes autrefois peuplées, les tombes des négrophiles. Pour gagner le noir à la civilisation, il faut l'arracher au sol natal, et, si on l'y ramène, il faut l'isoler du contact de la barbarie indigène, sous peine de le voir retourner dans l'état sauvage. On peut citer l'exemple d'un prince de Grand-Bassam, élevé il y a un certain nombre d'années au collége Henri IV, parlant latin, et qui doute aujourd'hui de l'existence de Paris !

La propagande catholique a moins de succès chez les noirs que les missions protestantes des Anglais ou des Suisses, parce que ces derniers organisent des caisses de secours mutuels qui leur fournissent

les moyens de racheter des esclaves capturés sur
les négriers ou les prisonniers qui vont être sacri-
fiés à la suite d'une guerre de tribu à tribu. Les
missionnaires protestants les placent tout de suite
dans une société déjà façonnée à leurs idées, à
Sierra-Leone, à Cape-Coast, Bathurst, etc., et
leur donnant une famille, une maison, une industrie, ils attachent les nègres par mille liens à leur
nouvelle patrie. A la fois prêtres, pères de famille
et négociants, ces pasteurs ont des moyens d'action plus puissants et plus efficaces ; d'ailleurs la
plupart de ces missionnaires sont nègres et mu-
lâtres. A Porto-Praya de San-Yago, nous en avons
vu beaucoup qui se rendaient à Freetown ; presque
tous étaient dignes et d'une tenue correcte ; s'il
arrivait à l'un d'eux de trop se plaire dans les
vignes du Seigneur, on l'envoyait se corriger dans
l'intérieur pendant quelques mois.

Plus grande encore est sur la côte occidentale
d'Afrique l'influence du mahométisme, qui envahit
le pays en refoulant le fétichisme, et transforme
les villages et les campagnes par l'agriculture. Le
rejet vers la mer de l'idolâtrie par le Coran est incessant, rapide, fatal. Partout l'islamisme souffle
sur les noirs la haine des chrétiens, il pénètre, protégé simplement par son prestige, dans les tribus

les plus sauvages du golfe de Biaffra et de Guinée ; il fonde l'empire des Haoussas, il est dans le Bambara, suit le cours du Niger, et descend les montagnes de Kong jusque dans les criques les plus inaccessibles de la Côte d'Or. Trois ou quatre marabouts, avant-garde d'une tribu d'émigrants de Fouta, rencontrent-ils dans un beau site un village nègre aux huttes chancelantes, aux habitants nus ou couverts de peaux, ils s'y arrêtent, catéchisent les enfants et leur apprennent à déchiffrer avec une patience admirable les caractères arabes. Les fétiches peu à peu font place au gris-gris renfermant les versets du livre saint. Arrive bientôt la tribu colonisatrice, escortée par quelques chefs à cheval, qui, le sabre à la main, forcent, s'ils s'y refusent, les nègres à travailler, à défricher la terre et à l'ensemencer. Si le noir veut résister, il est tué ; s'il échappe pour aller se cacher dans les forêts de la côte, on court à sa poursuite. Au bout de peu d'années, le sol, étouffé jusque-là par une végétation désordonnée, se couvre de cultures ; les ânes, les bœufs, les chèvres, les chevaux, emplissent aux portes des villages les enceintes fortifiées où ils dorment à la belle étoile ; les nègres portent désormais avec orgueil le *boubou* sénégambien, le fusil, le sabre, tout ce qui caractérise l'homme

libre ; les femmes ont répudié leur ancienne nudité,
et ne se montrent plus aux étrangers que le corps
entouré d'un pagne bariolé aux couleurs éclatantes.
Nos missionnaires européens ne peuvent lutter
contre ce système des marabouts presque toujours
et partout triomphant. Il leur faudrait user du
sabre, donner sur terre le paradis de Mahomet et
le promettre aux nègres même encore après leur
mort.

# III



Au commencement du siècle dernier, les Achantis seraient venus de l'est en conquérants, à ce que rapporte M. Bowdich; selon d'autres voyageurs, ils ont été refoulés vers les montagnes de Kong par un peuple plus puissant qui forme dans l'Afrique centrale un vaste empire. Suivant la première version, la plus digne de croyance, leur chef, nommé Saï-Toutou, devint le roi des pays envahis, et ses premiers capitaines formèrent l'origine d'une aristocratie militaire dont le principal et précieux privilége était d'être préservé de toute peine capitale. Ces familles sacrées, aujourd'hui au nombre de quatre, forment le second degré de l'autorité ; le troisième est l'assemblée des chefs militaires, le reste de la population est soldat, esclave, vassal des grands, et se compose aussi du peuple primitivement subjugué.

Avançant toujours vers la mer, les Achantis ont peu à peu conquis la plupart des tribus placées sous la protection des Européens. Vers 1807, ils étaient maîtres de toute la côte et avaient même attaqué et pris un établissement appartenant aux Hollandais. La sécurité de Cape-Coast ne fut garantie que par de regrettables concessions. Les Fantis, entre autres, qui longtemps avaient servi d'intermédiaires entre l'intérieur et le littoral, subirent le joug le plus odieux ; leurs révoltes, faute d'être soutenues par les Anglais, toujours plus prudents que nous en matière d'intervention, restèrent sans succès. L'invasion de ces conquérants a brisé la puissance des Fantis, qui, autrefois forts et redoutés, sont maintenant tombés dans un état d'indolence et de dégradation honteuse, et sont devenus les nègres les plus sales et les plus paresseux de la côte. Quoique plus beaux hommes que les Achantis, ils sont très-sujets à la lèpre (*krakra*). Réduits à chercher un appui auprès des Anglais, ils étaient restés jusqu'à présent leurs fidèles alliés. Lorsqu'en 1821 le Cape-Coast fut placé sous la direction de Sierra-Leone, sir Charles Mac-Carthy y fut envoyé comme gouverneur. Il entreprit, presque aussitôt après son installation, une expédition contre les Achantis, mais il fut surpris dans les bois et massacré avec toute sa troupe. Cape-Coast fut investi, et ses défenseurs eussent tous péri sans une panique des envahisseurs. On parvint pourtant en 1826 à les chasser du pays. En 1831, le nouveau gouverneur Mac-Clean détermina les Fantis à se placer sous le protectorat de la Grande-Bretagne et conclut un traité avec le roi des Achantis, traité par lequel ce dernier reconnaissait l'indépendance des infortunées tribus, et, depuis cette époque, la paix ne fut troublée qu'une fois, en 1863, avant la guerre actuelle.

Dans les premiers jours du mois d'avril 1872 eut lieu la remise solennelle du fort d'Elmina, chef-lieu des possessions hollandaises, à M. Pope Hennessey, le nouveau gouverneur britannique, et M. Ferguson, l'ex-gouverneur hollandais, s'embarqua sur le navire la *Citadelle-d'Anvers* pour retourner en Europe. Les autres postes militaires des Hollandais furent occupés par les Anglais dans le courant du même mois. M. Hennessey avait déclaré, au nom

de son gouvernement, que rien ne serait changé à
l'administration de la colonie ; il avait même promis d'admettre les indigènes aux fonctions publiques. Néanmoins, des troubles graves éclatèrent
avant la fin de l'année. L'origine de ces conflits est
assez obscure et, ainsi qu'il arrive d'ordinaire dans
ces sortes de cas, on l'attribue à des causes très-
diverses. Le roi des Achantis avait l'habitude de
recevoir un cadeau annuel ; on lui payait en outre
une somme fixe pour chaque soldat qu'il fournissait
à la milice des colonies néerlandaises, c'est-à-dire
par chaque prisonnier de guerre qu'il vendait à
ses voisins. Depuis le changement de régime, on
ne s'occupait plus de lui, et il ne pardonnait pas
aux Anglais ce manque d'égards. D'un autre côté,
un de ses parents, brigand redouté, avait été arrêté
à l'époque de la cession, et reconduit à Coumassie
avec une escorte de 60 hommes ; mais il paraît que
pendant le trajet on l'avait laissé maltraiter par
des indigènes irrités contre lui, et le roi Kalkalli,
qui a du moins la vertu d'aimer les siens, avait juré
de venger cet affront. Sur ces entrefaites, le colonel
Harley, qui avait succédé à M. Hennessey vers la
fin de 1872, mécontenta la population d'Elmina
par une attitude peu conciliante, et des symptômes
d'une fermentation dangereuse se manifestèrent

bientôt, même parmi les indigènes placés sous le protectorat anglais.

Au mois de janvier dernier, on apprit que les Achantis, forts de 12,000 hommes, avaient entrepris une incursion sur le territoire des tribus alliées, et qu'ils ravageaient les villages qui tentaient de leur résister. Au mois de mars, le torrent envahisseur, grossi par les transfuges, s'avançait jusque sous les murs d'Elmina en vue de bloquer la ville, pendant que l'insurrection éclatait à Secondi et à Bautry. En juin, la milice d'Elmina refusa l'obéissance, et le quartier de la ville situé au-delà de la rivière se déclara en révolte ouverte. M. Harley fit venir une colonne d'infanterie de marine du Cape-Coast sous les ordres du colonel Festing, et cette troupe, ayant marché toute la nuit, put atteindre le château de Saint-Georges sans avoir heureusement rencontré les insurgés. Les sommations adressées aux rebelles de la ville n'eurent d'autre effet que de les faire déguerpir vers les fourrés où se cachaient les assiégeants. Les Anglais mirent alors le feu à différents quartiers en offrant à la population restée fidèle un asile dans le fort. Malgré l'incendie qui réduisit une partie d'Elmina en cendres, malgré plusieurs sorties couronnées de succès au dire des Anglais, la petite garnison n'en resta pas moins dans une situation fort critique.

L'insurrection, pendant ce temps, s'était propagée sur le littoral. Le 14 août, une flottille sous les ordres du commodore Commerell, montant le *Rattlesnake*, vint faire des sondages à l'embouchure du Prah, qui se jette dans la mer au nord-est de la ville de Chama. On voulait essayer de le remonter à l'aide de légères embarcations pour y faire plus tard une diversion qui eût masqué une plus sérieuse attaque sur un autre point. Avant de s'engager dans le fleuve, on jugea nécessaire de faire occuper le petit fort de Chama par 10 hommes de la milice indigène. Les travaux de sondage commencèrent ; mais à peine la flottille était-elle hors de vue que les habitants de Chama, secondés par les Achantis, attaquaient la petite garnison laissée en arrière ; 4 hommes furent tués, 6 parvinrent à s'échapper. Pendant ce temps, un chef indigène vint conseiller au commodore Commerell de ne point quitter la rive gauche, les Achantis, disait-il, s'étant établis sur la rive opposée. Son conseil fut suivi, mais au moment où l'on doublait un coude que fait la rivière, une forte troupe d'ennemis, cachée au milieu des fourrés qui bordent le Prah, ouvrit sur la flottille un feu meurtrier. Au premier pansement qui fut fait, on s'aperçut qu'en guise de balles les rebelles employaient des cailloux et du plomb haché. Le commodore, deux capitaines, plusieurs matelots furent blessés. Dans le désordre d'une attaque si violente, une embarcation chavira, l'équipage fut sauvé à l'exception d'un matelot. Des nègres se jetèrent aussitôt à la nage pour s'emparer du malheureux qui se noyait ; ils le traînèrent sur le rivage et lui coupèrent la tête. Saisissant par les cheveux leur sanglant trophée, ils ne cessèrent de l'agiter tant que l'expédition fut en vue aux yeux des Anglais saisis d'horreur. La flottille battit en retraite, et le *Rattlesnake*, qui était resté en raison des difficultés qu'offrait le passage de l'embouchure du fleuve, bombarda aussitôt la ville de Chama et la réduisit en cendres à l'aide de fusées.

Le 18 août, l'*Argus* et le *Barracouta* furent aussi envoyés du Cape-Coast-Castle à Tacorady, afin de bombarder la ville et les villages voisins. Cette opération terminée, le lieutenant Young de l'*Argus* se concerta avec le capitaine Freemantle du *Barracouta* pour opérer un débarquement en armes malgré la défense du commodore Commerell. Après avoir dispersé les canots des indigènes par un feu nourri, le lieutenant Young, à la tête de quelques embarcations, aborda sur la côte. A peine débarquée, sa

troupe fut assaillie par de nombreux Achantis qui
s'étaient cachés dans les jungles. Le lieutenant et
11 matelots furent blessés; ce ne fut qu'à grand'-
peine qu'ils purent rejoindre leurs navires.

Ces deux tentatives malheureuses mirent le
comble à la jactance des Achantis, et les Anglais
perdirent aussitôt sur toute la côte de Guinée une
grande partie de leur prestige. 30,000 nègres pro-
jetèrent alors la prise de Cape-Coast; mais, ap-
prenant que leurs adversaires s'étaient préparés à
une vigoureuse résistance, ils renoncèrent à leur
projet. Quant au général achantis qui n'avait pu
réussir à s'emparer d'Elmina dès le début de la révolte, il a été rappelé à Coumassie par le roi, afin d'y
être puni de mort selon l'usage. Au moment de la
tentative sur la ville de Cape-Coast, plus de vingt
mille indigènes de la côte se réfugièrent dans la
malheureuse ville, prétextant qu'ils étaient amis
des Anglais. Les fièvres et les dyssenteries déci-
mèrent les assiégés, et les vivres commençaient à
manquer, lorsque, heureusement, des pluies torrentielles rendirent impossibles les opérations des farouches assiégeants.

La nouvelle de ces échecs répétés produisit dans
la Grande-Bretagne une vive émotion, et une expédition sérieuse fut immédiatement organisée sous

les ordres de sir Garnet Wolseley, qui partit le 12 septembre d'Angleterre avec un nombre considérable d'officiers. En partant sir Garnet se proposait d'entreprendre une marche directe sur Coumassie pendant que le capitaine John Harley Glover, l'ancien commandant de Lagos, à la tête d'une autre colonne, tenterait une diversion en remontant le cours du Volta. Cette rivière a été déjà explorée en 1861 par le lieutenant Dolben, commandant le *Bloodhound*, qui parvint à 120 milles de l'embouchure et put constater que la navigation était possible au delà. Des renforts considérables furent en outre envoyés de Sierra-Leone et de Lagos, où l'on recruta tout ce que l'on put rencontrer en état de prendre les armes.

Après quelques succès obtenus dès le début de la campagne, M. Garnet Wolseley fit répandre à profusion la proclamation qu'on va lire sur tout le littoral de la Côte d'Or :

« Sir Garnet Wolseley, major général, administrateur, à tous les rois, directeurs, chefs de tribu de la Côte d'Or, alliés de S. M. la reine d'Angleterre, salut !

» Je désire que vous sachiez qu'aussitôt après l'attaque sur Essaman et Ampenec, et la destruction de ces places par les troupes placées sous mon commandement, vos ennemis ont été contraints d'établir leur camp à Mampou. Persuadés de ne pouvoir nous résister en pleine campagne et dans le jungle, ils sont en grande retraite, et retournent chez eux par Prashu : une de leurs colonnes a été battue près de Danguah.

» Les Achantis s'efforcent d'emporter avec eux tous les biens qu'ils vous ont volés, les femmes et les enfants qu'ils vous ont pris.

» Guerriers de la Côte d'Or, voulez-vous souffrir une pareille honte ?

» Voulez-vous laisser s'écouler tranquillement les heures pendant que vos femmes, vos enfants et vos filles sont entraînés par un ennemi en fuite ?

» Ne voulez-vous pas les poursuivre ?

» A présent ou jamais vous montrerez que vous êtes hommes.

» Pour ma part, je ne pourrai considérer comme un ami de Sa Majesté Britannique celui d'entre vous qui ne prendra pas les armes.

» Vous n'avez rien à craindre. J'occupe toute la route de Cape-Coast à Mansou, de manière à ce que les Achantis ne puissent l'attaquer. Rassemblez-vous sur mes positions de Dunquah, Abokampa

et Manson. Personne n'osera essayer de les prendre.
Une fois là, jetez-vous sur l'ennemi au moment où
il voudra passer la rivière.

» Si vous agissez dès à présent avec rapidité, la
chute de nos adversaires et la sécurité du pays sont
assurées.

» Donné par moi et scellé de mon sceau, au
palais du Gouvernement, à Cape-Coast, ce trei-
zième jour d'octobre de l'année de N.-S. 1873, et
du règne de S. M. la trente-septième.

» Dieu sauve la Reine. »

Les Anglais avaient cru tirer un parti excellent
d'une milice indigène composée de Haoussas ; mais
dans la première affaire, qui eut lieu le 15 octobre,
on remarqua que, très-utiles dans une guerre d'em-
buscade, ils ne servaient qu'à embarrasser les
troupes européennes dans une attaque régulière.
Ces soldats indigènes, auxquels les Anglais furent
contraints néanmoins d'avoir constamment recours,
venaient de l'intérieur des terres. Les Haoussas sont
un peuple industrieux, établi dans une région fertile
au sud-ouest du lac Tchad, formant un royaume
divisé en provinces et militairement organisé. Ils

sont mahométans, et Karo, leur capitale, est le Manchester de l'Afrique; Karo fournit des cotons, des fleurs à ces vastes régions. M. de Bizemont, qui en 1870 accompagnait sir Samuel Baker dans l'une de ses expéditions et qui dut revenir en France pour rejoindre son régiment, a recueilli sur les Haoussas des renseignements très-importants de la bouche d'un grand voyageur africain, le cheik sénégalais Chen-Guénit. Il y a une cinquantaine d'années, deux prêtres musulmans sont venus dans le Haoussa, comme nous avons déjà dit que les marabouts arrivaient dans les villages de la côte occidentale d'Afrique; après avoir converti la population à l'islamisme, ils déclarèrent avoir reçu du ciel la mission providentielle de soumettre l'Afrique entière. L'un d'eux, Osman-Fanda, fut proclamé sultan et conquit en effet le pays entier, depuis le lac Tchad jusqu'au Niger; ses successeurs avaient encore étendu leur domination. Cet empire compte aujourd'hui 15 millions d'âmes; l'administration en est prospère, et les chrétiens y trouveront, disait le cheik, un excellent accueil.

La langue des Haoussas se parle dans une grande étendue de l'intérieur de l'Afrique, et sert aux grandes transactions commerciales. Il est rare de ne pas rencontrer quelque part dans le continent africain des Haoussas esclaves ou voyageurs. On en trouve même avec les Achantis, avec lesquels ils se sont mêlés par amour du lucre.

Ceux des Haoussas qui sont venus servir sous les Anglais à titre de soldats auxiliaires tirent leur origine du Lagos et des rives du Niger. Des Kossoos, des Wiennbahs, des Mumfords, des Arbras, ont été également enrôlés. Les chefs recevaient une paye de dix livres sterling par mois pour chaque homme amené par eux sur le lieu du combat ; les simples soldats devaient toucher gratuitement leurs vivres, leurs munitions de guerre, et une petite somme d'argent tous les jours.

Les Kossoos, dont le nom signifie : « ours sauvages, » étaient sortis de la tribu des Mendis, nègres célèbres par leur cruauté. Ne se battant jamais contre leurs ennemis qu'à l'arme blanche, ils furent spécialement employés au défrichement des fourrés. Braves soldats, d'ailleurs, qui assuraient aux Anglais n'être venus se joindre à eux que pour « vaincre et mourir. » Beaucoup d'entre eux le prouvèrent. Leur tribu est fixée sur le rivage de Sherbo.

Les Winnebahs et les Mumfords, sont des Fantis ; ils ne devinrent de bonnes troupes que lorsqu'ils se furent battus côte à côte avec les Haoussas et les Kossoos. Les Karbras firent la campagne la plupart du temps sous les ordres de leur roi. Les indigènes de Sierra-Leone, parmi lesquels se trouvaient deux compagnies de chrétiens, élèves des missions de Basle, montrèrent beaucoup d'énergie sous le commandement du capitaine Glover. Religieux et soldats, ils ne se mettaient en marche qu'après s'être réunis au son d'une cloche et avoir fait leurs prières matinales. Quant aux noirs formant le corps du deuxième régiment occidental, ils ont rendu aussi de bons services pendant la campagne, quoique ne possédant pas l'ardeur guerrière des Haoussas, et manquant de la fermeté des troupes régulières.

Les Anglais ayant été victorieux dans une série d'engagements, la confiance de leurs noirs alliés se ranima. Il s'était agi d'abord, dans ces opérations, de châtier certains villages qui étaient de connivence avec l'ennemi, et notamment celui d'Ensaman, situé au milieu des jungles, où un chef d'Achantis avait établi son camp et un dépôt de poudres, de grains, de rhum, etc. Une sommation de sir Garnet, adressée aux chefs d'Ensaman, étant restée sans effet, il résolut de faire un exemple. Cachant ses préparatifs, il envoya à l'im-

proviste contre le village rebelle, qui se croyait
protégé par sa situation, une expédition composée
d'infanterie de la marine et de Haoussas armés de
fusils Snider. Après un combat d'une demi-heure,
les Achantis furent chassés du village, abandon-
nant leurs munitions et leurs troupeaux de moutons. Une pièce de 7 et des fusées congrèves ont
réduit Ensaman en cendres. Le 3 novembre, les
Achantis furent battus de nouveau près de Dunquah, sur les lieux mêmes où ils avaient, au commencement de l'année, infligé une défaite aux
alliés des Anglais. Le 5, ils osèrent attaquer en
force le village d'Abrakrampa, sur la route de Coumassie, défendu par une garnison de 000 hommes
que sir Garnet avait envoyée au secours du roi
indigène. La lutte dura trois jours, et se termina
le 7 par une déroute complète des agresseurs,
grâce à l'arrivée de sir Garnet lui-même, qui
amena sa réserve sur le champ de bataille. On dit
que le roi Koffi s'est empressé ce jour-là d'envoyer
son collier à son général Assa Moquanta, message
qui signifie l'ordre de se replier en toute hâte. On
allait s'empresser de couper la retraite à l'ennemi,
mais les renforts attendus n'arrivèrent pas à temps.
Malheureusement sir Garnet Wolseley revint
de son expédition si malade qu'on fut obligé

de le transporter à bord d'un des navires mouillés au large.

C'est pendant ces combats que l'on a remarqué que les Haoussas, en se pliant bien à la discipline pendant la marche, perdaient totalement la tête une fois aux prises avec l'ennemi. On a constaté aussi qu'ils tirent trop vite et gaspillent les cartouches dès que l'ennemi est en vue : c'est pour cette raison que sir Garnet se décida à faire venir d'Europe trois bataillons d'infanterie ; ce renfort de 2,000 hommes s'embarqua à Woolwich. Les Achantis ne furent donc pas des ennemis à dédaigner, quoique jusqu'à ce jour on avait cru pouvoir les vaincre à l'aide des alliés indigènes, des volontaires enrôlés sur la côte d'Afrique et des marins détachés par les navires présents dans ces parages.

On s'était contenté, dès le début des hostilités, d'envoyer de l'arsenal de Woolwich des munitions et des vivres, mais l'envoi de nouvelles forces européennes dans des pays aussi malsains que ceux de la Côte-d'Or, a obligé les Anglais à faire suivre leurs soldats de tout un stock de préservatifs comme jamais il n'en a été fourni à aucune armée. Les officiers furent tenus d'emporter sur eux du sulfate de quinine, un filtre de poche, un voile pour se préserver les yeux ; il leur fut également recommandé de boire beaucoup de café et de s'asperger de temps en temps le visage et les mains de paraffine pour éloigner les mosquitos. Quant aux soldats, un navire emporta pour eux 5,000 uniformes de rechange, 5,000 chemises en caoutchouc, qui leur permirent de s'étendre sans danger la nuit sur le sol fangeux, 5,000 couvertures de laine, pareilles quantités de bouilloires et de moulins à moudre, enfin un nombre considérable de flacons contenant des vinaigres aromatiques, avec lesquels les sentinelles durent se mouiller l'intérieur des oreilles et des narines.

Si les arsenaux anglais envoyèrent à la côte occidentale d'Afrique leurs engins les plus redoutables, et si rien ne fut omis à Londres pour assurer le bien-être des expéditionnaires, sir Garnet Wolseley, de son côté, n'oublia aucun détail, ne méprisa aucun auxiliaire, qu'il fût blanc ou noir, homme ou femme. Une bande de 200 noirs, enrôlée à Lagos par un sergent-major des Haoussas, nommé « le vieux Jacobau, » et transportée à Acra, y fut reçue par le capitaine Glover, surnommé le « père des Haoussas, » qui leur adressa dans leur langue un fougueux discours. Les paroles guerrières du capitaine anglais excitèrent un enthousiasme frénétique. Les recrues bran-

dirent leurs longs couteaux, exécutèrent une danse
de guerre accompagnée de cris sauvages, jurant
d'exterminer les Achantis et de mourir pour leur
bon ami Glover. Ils voulurent même porter le
capitaine en triomphe jusqu'à leur camp; mais,
celui-ci ayant décliné cet honneur, ils s'emparèrent
de leur vieux Jacoban, qu'ils entraînèrent chez eux
dans l'ivresse de leur joie. De son côté, sir Garnet,
sachant que les femmes noires font un mauvais
parti aux hommes valides qui restent chez eux en
temps de guerre, fit mander chez lui toutes les
dames des environs. Elles vinrent en toute hâte
chez le gouverneur, en grande toilette, couvertes
d'anneaux et de bracelets, et promirent avec joie
de corriger d'importance leurs maris, s'il leur
arrivait de faiblir. Un autre détail curieux, c'est
que le train de l'armée d'expédition fut en grande
partie formé par des femmes qui marchaient leste-
ment au son du tambour en portant sur leurs
têtes de lourdes caisses de munitions, et au côté,
dans des sacs, leurs nourrissons, qu'elles allaitaient
sans interrompre leur marche. On commença la
construction d'une route commode et large qui per-
mit le transport des canons dans la direction de
Coumassie. On avait même songé un instant à
construire un bout de voie ferrée, et du matériel

avait été déjà expédié de Woolwich dans cette intention ; mais il fut bientôt constaté que le terrain ne se prêtait pas à ces sortes de constructions, et on finit par y renoncer.

Au commencement de décembre 1874, le *Sarmatian*, l'*Himalaya* et le *Tamar* arrivèrent à Cape-Coast avec deux régiments européens, le 23ᵉ et le 42ᵉ. Les hommes de ce dernier régiment, l'un des plus célèbres de l'armée anglaise, portent encore à leur coiffure une sorte de tresse rouge, en souvenir d'un glorieux fait d'armes accompli dans les Flandres. Des Français avaient pris quelques canons aux Anglais, le 42ᵉ les leur reprit en perdant une grande partie de son effectif.

Un petit transport, le « *Thames*, » débarqua également un bataillon d'infanterie de marine sous le commandement du colonel de Courcy. Le 1ᵉʳ régiment des Indes occidentales vint se joindre à toutes ces forces. Deux cents marins enlevés à l'*Active*, à l'*Amethist*, à l'*Argus*, au *Druide* et à l'*Encounter*, furent choisis pour former une sorte d'escorte d'honneur à Sir Garnet Wolseley. Il se mit en route le 6 janvier, dans la direction de la Prah, avec l'intention d'y faire jeter un pont, et, après avoir traversé la rivière, de menacer Coumassie, la capitale.

Le même jour, le 23ᵉ et le 42ᵉ, que l'on avait replacés à bord des bâtiments de guerre dans la crainte de les voir atteints par la fièvre jaune, débarquèrent de nouveau et prirent la même direction, mais non sans s'être disputé avec quelque aigreur l'honneur de marcher en tête de la colonne. Le lieu de rendez-vous était Prah-su, ville de la province de Denkera, située de l'autre côté de la Prah, et à moitié chemin de Cape-Coast-Castle à Coumassie.

Les forêts vierges que durent traverser les troupes avant d'atteindre Prah-su, sont formées de grands arbres dont les branches restent unies entre elles par de nombreuses lianes. Elles sont tellement épaisses, qu'elles forment une voûte impénétrable aux rayons du soleil. Aucune insolation n'y est à craindre. Par ci, par là, se montrent quelques éclaircies qui remplissent d'une vive lumière l'espace découvert. Dès qu'on s'en éloigne, on retombe dans une demi-obscurité qui jette une sorte de terreur involontaire dans l'esprit du voyageur assez osé pour y pénétrer seul.

On rencontre peu de taillis, le soleil ne pouvant pénétrer jusqu'à la surface du sol et le vivifier. Le terrain y est accidenté, formé, comme en plaine, de collines et de vallées. Les premières ont généralement pour base le granit ; une source d'eau glacée en sort parfois, et lorsqu'elle coule sur un lit de quartz micacé, on croirait avoir de l'or liquide sous les yeux. Quant aux vallées, elles sont pour la plupart défoncées par les boues et les tourbières, au milieu desquelles le bambou croît avec vigueur.

Des sentiers qui laissent découvrir une terre à fond rougeâtre sillonnent ces bois, et relient les villages entre eux. Ces derniers ne se rencontrent que sur les hauteurs, dans le voisinage d'une source et sont ombragés par des massifs de bananiers. Les plantations sont toujours situées à quelque distance des villages et changent souvent de place.

Lorsque les indigènes veulent faire une semence dans la forêt, ils en abattent les arbres, les laissent couchés sur le sol, mettent le feu aux branches, et jettent les graines dans les cendres refroidies. Avec ce système commode, ils obtiennent pendant trois ans de belles récoltes ; croyant le terrain épuisé, ils vont défricher une nouvelle portion de la forêt.

Lorsque les parties de terre cultivées ont été abandonnées, et qu'elles restent exposées au soleil et à la pluie, il s'y forme une végétation épaisse, sorte de jungle, au milieu duquel on ne peut passer qu'à coups de hache ou de coutelas. Ces taillis avoisinent les villages, et c'est dans leurs inextricables labyrinthes que les Achantis se cachèrent pour attendre les Anglais. La forêt est bien préférable pour une marche militaire. Sur le bord de la mer, les fourrés dominent, car les Européens, après s'y être installés quelque temps, les ont abandonnés, fuyant leurs miasmes trop malsains.

Lorsqu'en 1873, les Achantis descendirent des hauteurs de Coumassie jusqu'au rivage de la mer, ils détruisirent tous les villages qui se trouvaient sur leur chemin, Prah-su, Yan-Kumasi, Sutah et Dunquah. Comme les Anglais suivaient cette même route en remontant vers l'intérieur des terres, ils trouvèrent ces malheureux villages couverts d'herbes et de ronces. Les ingénieurs firent arracher ces broussailles et transformèrent l'espace qu'elles occupaient en camps où les troupes trouvèrent un abri et un bon air au moment des haltes.

Dunquah et Mansu furent disposés en dépôts de munitions et en postes fortifiés. Les indigènes, dont la saleté est repoussante et présente plusieurs dangers de contagion, reçurent l'ordre de ne point y entrer. Les baraquements étaient en bambous; à droite et à gauche de l'entrée, s'étendaient les lits de camp, au centre, un espace vide dans toute la longueur permettait aux hommes de circuler à l'aise et de s'asseoir sur le bord de leur lit, les pieds par terre. C'est ainsi qu'étaient les baraquements élevés intérieurement autour des fortifications pendant le siége de Paris. Chaque baraque pouvait loger un demi-bataillon ; les officiers avaient leur hutte à part avec un lit en bambou élevé à une petite hauteur du sol.

Comme on ne campait qu'aux endroits où il y avait de l'eau courante, on établissait dans le voisinage des baraquements un lavoir avec ses baquets, ses battoirs et du savon à discrétion. Il était défendu de boire aux sources ; on ne devait boire que de l'eau filtrée, et ne se servir que du gobelet en fer battu qui se trouvait attaché au filtre par une chaîne. Des fosses d'aisance, creusées dans un terrain non spongieux, et à une grande profondeur, avaient été installées pour les officiers et les soldats avec le confortable que les Anglais apportent dans ce genre de construction.

Une baraque servait d'hôpital, une autre de magasin ; là étaient déposées les conserves de porc salé et de bœuf d'Australie ; il y avait également des dépôts de biscuits, de riz, de pommes de terre conservées, de thé et de sucre. Dans les grandes stations comme celles de Mansu et Dunquah, on trouvait un bureau de poste et un télégraphe élec-

trique communiquant avec Cape-Coast et la tête de
colonne. Il y avait aussi un intendant et un médecin
dans chaque station importante. Des poteaux indi-
quaient la direction à prendre pour se rendre aux
différents offices. Dès qu'on se trouva sur le bord
des rives de la Prah, les soldats reçurent journellement une livre de viande fraîche. Jamais les soins
nécessaires à une armée en campagne ne furent si
complétement observés, et cependant beaucoup
d'hommes furent atteints par la dyssenterie et les
fièvres mortelles.

Le correspondant du *Times*, M. Winwood Reade,
auquel nous avons emprunté une partie de ces
renseignements sur la marche de l'armée, avait
avec lui, indépendamment de quatre porteurs de
chaise, *a gang* ou une bande d'hommes et de
femmes, chargés de boîtes de soupes et de viandes,
de caisses de vin de Bordeaux, du lait suisse en
conserve, des biscuits, des confitures et des barils de riz, nourriture ordinaire des porteurs. Les
femmes, auxquelles était plus spécialement confié
le transport du riz, cheminaient gaiement avec
une charge sur la tête variant de 50 à 60 livres.

Le lieutenant lord Gifford, envoyé en reconnaissance sur la gauche de l'armée, avec un corps

d'indigènes composé d'Assinois, de Bonnys, Opoboes, Haoussas et Kossoos, soutenu par le deuxième régiment occidental, enleva quelques villages qui se trouvaient sur sa route ; puis il entra à Essamou échangeant des coups de fusil avec l'ennemi. Un habitant fut tué et deux femmes faites prisonnières. Il les mit presque aussitôt en liberté ; leur premier soin fut de courir à Coumassie, où leur arrivée jeta la population dans un profond étonnement : comme un esclave y vaut quatre à cinq livres sterling, le roi trouva fort surprenant, à plusieurs points de vue, que les Anglais fissent si peu de cas d'une telle capture.

Poursuivant sans opposition sa marche en avant, lord Gifford arriva sur les plateaux boisés d'Adansi, où la route s'élève jusqu'à une altitude de 1,500 pieds au-dessus du niveau de la mer. Pendant que ses troupes gravissaient gaiement les hauteurs, des voix cachées leur criaient de rebrousser chemin. Une vieille femme sortant d'un taillis, agitant ses bras décharnés, maudit les envahisseurs en leur disant que des milliers d'hommes armés les attendaient sur la montagne pour les couper en morceaux. Un prêtre, vêtu de blanc, supplia personnellement le chef des troupes de ne point fouler le sol sacré des Achantis. On avançait toujours, et l'ennemi, sans oser faire front à l'attaque, s'éloignait pas à pas, non sans accompagner comme d'habitude sa marche du bruit de ses tambours.

Le corps expéditionnaire au complet atteignit bientôt Quisah, le premier village ennemi, et la ville Fomana, capitale de la province Adansi. Il avait passé sans encombre la Prah et un de ses affluents, la rivière Paracoma. Quisah et Fomana avaient été abandonnés par leurs habitants. Le colonel Russell et son régiment se fortifièrent dans la dernière de ces deux villes ; on avait décidé d'y faire une longue halte afin de donner le temps d'arriver aux munitions de toute sorte qui suivaient l'armée et qui étaient nécessaires pour une plus longue marche sur Coumassie.

De Quisah à Fomana on trouva un fil tendu tout le long de la route. C'était un fétiche qui devait tout à coup s'enrouler autour des jambes des soldats anglais et les empêcher de marcher. Des chèvres, des chiens, et d'autres animaux éventrés par de longs pieux, étaient abandonnés à dessein au milieu des sentiers afin de donner à l'armée une idée des supplices qui lui seraient réservés si elle était vaincue. Tout auprès de Fomana, on trouva le corps d'un adolescent récemment tué, mutilé d'une manière horrible. On venait de le sacrifier froidement pour rendre les dieux du pays propices aux Achantis et frapper de terreur leurs ennemis.

Sir Garnet Wolseley était à peine entré avec ses marins à Fomana, lorsqu'on vint l'avertir que des émissaires du roi des Achantis arrivaient au camp, porteurs d'une lettre. Sir Garnet ne voulut pas les recevoir, mais il les retint prisonniers. Est-ce par crainte de mourir de la main des Anglais, ou par suite d'une querelle avec ses compagnons de captivité? toujours est-il que l'un des envoyés se fit sauter la cervelle dans la nuit. Ses compagnons mirent son corps dans un cercueil, creusèrent une fosse sur le bord de la Prah, et tous les Achantis qui se trouvaient à Fomana, imitant en cela une de nos touchantes coutumes d'Europe, jetèrent une poignée de terre sur le suicidé.

Les munitions attendues étant arrivées, la colonne se mit de nouveau en route. Au moment du départ, les émissaires du roi furent mis en liberté. Ils partirent porteurs d'une lettre dans laquelle sir Garnet exigeait du roi la délivrance des captifs européens détenus à Coumassie depuis longues années, le payement d'une indemnité et la signature d'un traité de paix ; cette lettre formulait aussi en termes catégoriques l'intention de sir Garnet d'entrer à Coumassie.

Lorsqu'il apprit le retour de ses envoyés avec une lettre pour lui, le roi fit appeler tous les chefs au palais, et ordonna à un aventurier nommé Dawson, d'en faire la lecture devant le conseil et tous les prisonniers réunis. Elle fut écoutée dans un morne silence, puis le roi ayant ordonné aux captifs de se retirer, il s'écria que Coumassie depuis sa fondation n'avait jamais été prise et qu'elle ne le serait jamais ! Les chefs, au lieu d'applaudir comme d'habitude aux paroles royales, firent entendre au roi que l'arrivée des Anglais si près de la capitale était pour eux un grand sujet d'inquiétude. La reine mère dit alors que la nation avait perdu l'appui des dieux, du jour où le roi avait manqué à sa parole en ne délivrant pas les prisonniers contre rançon ainsi que cela avait été solennellement promis. Personne n'osa protester contre cette dure vérité et S. M. Kalkalli renvoya les membres du conseil sans indiquer ce qu'elle comptait faire.

Le soir, un des missionnaires captifs, Kühne, dont nous avons parlé plus haut, reçut du palais une robe royale et de la poudre d'or, probablement dans le but de lui faire oublier ses quatre années de captivité à Coumassie. On lui fit dire ensuite de venir parler au roi, qu'il trouva tout habillé de blanc, jouant avec ses chats, dans une des chambres les plus secrètes de son habitation royale.

Kalkalli dit à Kühne qu'il lui donnait la liberté ainsi qu'à ses compagnons de captivité; puis il le pria d'aller trouver sir Garnet afin d'obtenir la paix, et de ne pas manquer de lui déclarer que jamais les Achantis n'avaient combattu et ne combattraient les hommes blancs, dussent ces derniers venir jusque sur la place du marché de Coumassie. Pourquoi ce mensonge, lorsque la tête de sir Charles Mac-Carthy, tué par eux auprès du Cape-Coast en 1821, décorait encore le sanglant musée du roi à Bantama?

Le missionnaire ne dut partir qu'à nuit close, dans la crainte que son départ et la nouvelle de sa mise en liberté ne jetassent la terreur dans la population et ne fissent dire que le roi avait peur. Personne ne put sortir de Coumassie cette nuit-là, à l'exception de Kühne; des patrouilles composées de soldats de la police, la tête à demi rasée, de longs cheveux tombant sur les yeux, de longues lances à la main, veillèrent jusqu'au matin dans les rues pour faire observer rigoureusement cet ordre.

L'arrivée de Kühne au camp anglais, bientôt suivie de celle des autres captifs, porteurs d'une nouvelle lettre du roi, fit croire à sir Garnet que les Achantis se déclaraient vaincus. Comment en douter puisque Kalkalli offrait de payer une large indemnité et de signer un acte de renonciation à ses prétendus droits sur Elmina ?

Sir Garnet donna dans le piége que lui tendait le roi africain. Sans se souvenir de l'habileté habituelle de la diplomatie des Achantis, le général anglais envoya à Gibraltar un de ses meilleurs bateaux, le *Sarmatian*, avec un télégramme annonçant à l'Europe que la paix était faite avec les noirs et obtenue sans effusion de sang.

Il n'en était rien : l'ennemi ne se sentait pas prêt, et voulait gagner du temps. Le général des Achantis, le fameux Amanquatia, courait les villes et la campagne, appelant tous les hommes valides aux armes. Amoaful, forte position située à vingt milles de Coumassie, se couvrait de redoutes ; dans la capitale, toute la population, faute de plomb, cassait jour et nuit les cailloux les plus durs pour remplacer les balles dont on manquait.

Au moment où sir Garnet recevait avis de ces préparatifs de guerre, des émissaires de paix osaient encore se présenter au camp. Ils furent renvoyés la crosse dans les reins et l'armée reçut avec enthousiasme l'avis officiel que toutes les négociations étaient rompues.

Le 30 janvier, au matin, les régiments des colonels Wood et Russell occupèrent le village de Quarman. A un mille de là, se trouvait Egginassie, le premier avant-poste de l'ennemi. L'armée anglaise finit par se concentrer à Insarfou, pendant que l'armée des Achantis, campée à un demi-mille de Egginassie, s'étendait de ce dernier point jusqu'à Amoaful.

Dans la même journée, le major Home, qui avait reçu l'ordre d'ouvrir à travers la forêt une route jusqu'à Egginassie, se mit à l'œuvre avec ses sapeurs. Pour que l'ennemi ne s'en aperçût pas, on prit la précaution de répandre de l'huile sur les scies qui coupaient les arbres. Le major arriva sans éveiller son attention et si près du village qu'il put en entendre les bruits. Quand il revint dire à sir Garnet que la forêt était accessible, chacun se dit qu'une grande action était proche. Jamais des forces régulières ne s'étaient mesurées avec les Achantis, victorieux jusqu'à ce jour, aussi l'ordre de marcher en avant fut-il attendu avec une certaine anxiété.

La petite armée de sir Garnet se composait du

42e régiment commandé par le major Macpherson ; du 2e bataillon de l'ancien 95e Rifle-Brigade ; de cent hommes du 23e régiment, lieutenant-colonel Savage Mortyn ; de la brigade navale, marins et soldats d'infanterie de marine, capitaine Grubbe, R.-N. ; des régiments des colonels Woods et Russell, réduits à quelques compagnies, le reste gardant les postes disséminés sur la route pour la maintenir libre ; d'une petite compagnie du 2e régiment des Indes-Occidentales, lieutenant Jones, enfin de l'artillerie, composée de quelques canons de sept manœuvrés par les Haoussas et des fuséens.

L'ordre de bataille avait été ainsi arrêté : le 42e régiment avancerait par le seul sentier qui fût ouvert depuis longtemps jusqu'à Amoaful et s'en emparerait. Lord Gifford et ses recrues le suivraient ainsi que le capitaine Kait et le lieutenant Sunders avec deux canons. A gauche et à droite, deux colonnes devaient soutenir le centre. La première se composant d'une partie de la brigade navale, du régiment Russell, des soldats du génie, d'une partie des fuséens et de l'artillerie. La seconde comprenait la moitié des hommes de la brigade navale, le régiment Wood ; les soldats du génie, les fuséens et l'artillerie.

L'arrière-garde, dans laquelle se trouvaient le commandant en chef et son état-major, le commodore Hewett, et une compagnie du 23ᵉ régiment, s'appuyait sur la brigade des riflemen. Le lieutenant Jones, avec le 2ᵉ régiment occidental, restait à Quarman pour le couvrir.

La bataille commença le 31 janvier à 8 heures du matin; le 42ᵉ, qui marchait d'un pas extrêmement rapide malgré la chaleur, arriva bientôt dans le camp déjà abandonné des Achantis. Dans les huttes qui le formaient, on trouva les feux allumés, des marmites en terre contenant du maïs et des bananes, des siéges avec dossier, et de légers lits en bambous.

A cent mètres du camp, dans la forêt, où l'ennemi s'était concentré, la fusillade éclata et remplit le couvert de fumée. Les noirs accroupis derrière le tronc des arbres ne se montraient pas, et les Européens n'avaient pour guider leur tir que les éclairs qui brillaient devant eux dans la demi obscurité des bois. Les feuilles, les branches sèches, tombaient nombreuses sur le sol, hachées par le plomb comme si un vent furieux d'automne eût passé sur elles. Quand la forêt eut été enlevée à ses défenseurs, la lutte continua dans le jungle, où elle devint furieuse. Les Higlanders, au son de leurs

cornemuses, avançaient, mais pas à pas. Tout à
coup l'artillerie fit entendre sa grosse voix à laquelle
répondirent les hurras des troupes. Dès ce moment,
l'ennemi faiblit, et à 11 heures 45 on entrait dans
Amoaful abandonné.

Les pertes des Anglais étaient sévères : 105
hommes blessés, 2 tués, 9 officiers blessés, dont
l'un, le major Baird, mortellement.

On ne saura jamais la perte éprouvée par les
Achantis. A en juger par la vue des cadavres qu'ils
abandonnèrent dans le jungle, les blessures faites
par les fusils anglais, système Snider, sont horribles. Les projectiles ont dû aller frapper l'ennemi à des distances où il se croyait parfaitement
en sûreté. Les Anglais dans leur marche d'attaque
avaient fait halte tous les cinq pas ; ils se couchaient
pour faire feu, puis, à la voix de leur chef criant :
« En avant ! » ils se levaient, avançaient encore pour
s'effacer de nouveau et recommencer la fusillade.
Il était impossible à l'ennemi, qui n'avait point de
fusils se chargeant par la culasse, de répondre aux
coups beaucoup plus précipités des fusils anglais.

A un mille de Amoaful, se trouve la ville de Becqua, capitale d'une province, et résidence d'un chef
qui avait fourni beaucoup d'hommes à l'armée en-

nemie. L'ordre fut donné à la brigade navale, et au régiment du colonel Russell, ayant le 42ᵉ en réserve, d'aller s'en emparer. Elle fut prise presque par surprise, quoiqu'elle donnât lieu à un combat de rues. Un marin fut tué ; les habitants, réfugiés dans la forêt, dirigèrent un feu assez vif contre les Anglais jusqu'au moment où l'ordre fut donné de détruire la ville par les flammes. Becqua était une capitale aussi importante que Coumassie. Il n'y avait de remarquable qu'un *palais* à deux étages, habitation ordinaire du chef de la province.

Chaque jour la situation des Achantis empirait, Amanquatia et d'autres chefs aussi valeureux que lui avaient été tués. Le roi laisserait-il arriver les Européens à Coumassie sans combattre en personne ? Comme il n'avait point encore paru au milieu de ses troupes, tout faisait supposer qu'il y aurait encore un grand combat à livrer.

Le 2 février, les Anglais se mirent de nouveau en marche, et après avoir parcouru une distance de six kilomètres environ, arrivèrent au village de Ingimmanru. Le colonel Russell, qui marchait en tête, eut à supporter deux ou trois légers engagements. Le 3, nouvelle marche, escarmouches, embuscades tournées, jusqu'au pied d'une hauteur assez semblable à celle de Amoaful. L'ennemi y parut

en grand nombre. On lança sur lui quelques obus
et deux compagnies de fusiliers qui suffirent à le
déloger.

Dans la soirée, les troupes arrivèrent sur les
rives de l'Ordah, où sir Garnet résolut de bivaquer.
Les soldats du génie y jetèrent un pont qui fut
praticable quelques heures après. Dans la saison
des pluies, le Ordah, affluent de la Prah, est une
rivière profonde aux eaux rapides. Elle est considérée comme sacrée, et le roi s'y baigne dévote-
ment une fois par an.

Le lendemain, à la grande surprise de tous, deux
parlementaires arrivèrent au camp. Ils agitaient des
drapeaux blancs en demandant qu'on ne tirât pas
sur eux. Le roi suppliait le Grand Chef des Anglais de
ne point continuer avant deux jours sa marche sur
Coumassie. Sir Garnet eut la condescendance de
répondre que, si S. M. Kalkalli voulait la paix et
l'empêcher d'aller plus loin, elle eût à lui envoyer en
otage la reine mère et le prince héritier du trône,
Mensah. Dans l'attente de ces deux personnages,
ordre fut donné aux avant-postes de ne tirer sur
aucune vieille femme.

Précaution inutile. Le 5, Ordhashou, grand village placé à six milles de Coumassie, fut enlevé,
mais non sans faire souffrir à l'armée des pertes

douloureuses. Les Achantis, faisant un feu d'enfer, cherchèrent à le reprendre, heureusement en vain. L'armée étant pleine d'ardeur, sir Garnet, qui venait d'arriver sur le champ de bataille avec son escorte, ordonna de pousser sans s'arrêter jusqu'à Coumassie.

Les higlanders marchèrent en avant avec leur rapide allure. A un mille d'Ordashu, la colonne donna contre un corps considérable de l'ennemi qui barrait le chemin. Les Anglais poussèrent un formidable hurrah en l'honneur de la vieille Angleterre, les cornemuses soufflèrent avec rage, et les sniders commencèrent leur œuvre de destruction.

Les Achantis, quoique se battant avec une sauvage énergie, durent lâcher pied et abandonner dans le sentier une quantité considérable de leurs blessés. On n'y voyait que barils de poudre défoncés, parapluies et siéges de commandement abandonnés, cadavres horriblement mutilés; à Quarsi, le dernier village avant Coumassie, deux émissaires du roi vinrent offrir à sir Garnet quelques misérables esclaves comme otages.

Au lieu de les écouter, ils furent placés en tête de la colonne, et jusqu'à leur entrée dans la ville ils ne cessèrent de crier: Ashantis! Ashantis! pour

que leurs compatriotes ne fissent pas feu sur eux. A
moitié route, les Anglais trouvèrent le corps encore chaud d'un jeune Achantis dont la tête venait
d'être tranchée. C'était encore un sacrifice offert
aux dieux protecteurs de Coumassie.

Tout à coup la forêt cessa, et la colonne dut pénétrer dans le jungle. De nombreux sentiers le sil-
lonnaient : à cela on reconnut le voisinage certain
d'une grande ville. Puis vint le marais qui entoure la capitale des Achantis, une voie large sur
les bords de laquelle quelques maisons s'élevaient,
une place aux miasmes fétides, celle des exécutions,
puis enfin, des rues assez régulièrement alignées :
c'était Coumassie, la ville sacrée !

Chose étrange, beaucoup de noirs se précipitèrent
au devant des soldats et leur prirent les mains. Un
homme ivre ou fou se mit à danser devant les higlanders. L'aspect de la foule qui assistait à l'entrée
des troupes était celui des Africains quand ils
voient quelque chose de tout à fait nouveau pour eux.
Ils criaient, ouvraient démesurément la bouche et
les yeux, jetaient des cris de joie ou d'étonnement,
absolument comme lorsqu'ils regardent l'Européen
qui entre pour la première fois dans leurs villages.
Mais étaient-ce bien des Achantis ? C'est peu probable. Coumassie recélait un grand nombre d'es-

claves et peut-être ces malheureux croyaient-ils voir dans les soldats anglais des libérateurs.

Le roi avait laissé la capitale depuis quelques heures. Dans la matinée, il avait réuni les principaux chefs de son royaume ; assis sur un trône d'or, abrité sous un dais de soie et de velours cramoisi, il avait déclaré qu'il ferait trancher la tête à quiconque parlerait de fuite. Mais quand les balles anglaises commencèrent à siffler à ses oreilles, il partit et se retira à Aminihia, son palais d'été.

Le 5 février, à 5 heures 30, Coumassie étant complétement investi, sir Garnet Wolseley réunit toutes les troupes, leur fit présenter les armes et pousser trois formidables hurrahs en l'honneur de la reine. Les indigènes, effrayés non sans quelque raison de ces clameurs soudaines, prirent un instant la fuite et ne revinrent auprès des Anglais que lorsqu'ils les virent pacifiquement campés.

Disons en l'honneur de sir Garnet qu'il laissa les habitants complétement libres de mettre leurs biens en sûreté. Un homme noir de la police ayant volé un drap, fut pendu par ses ordres. Des noirs auxiliaires eurent aussi l'idée de mettre le feu au quatre coins de la ville, sir Garnet le fit éteindre et rechercher les coupables pour les punir.

Le palais du roi, complétement abandonné, n'était

qu'une immense construction largement aérée par de nombreuses cours entourées de vérandahs. La façade était en pierre, dans un style mauresque, et bordée d'un large trottoir ou parapet. Au premier étage, le correspondant du *Times* fut fort étonné de trouver un nombre considérable de livres; il y en avait en français, en anglais, en espagnol, et même en hollandais. Puis, dans une confusion presque artistique, on voyait sur le sol des verres de Bohème, de l'argenterie, des tapis de Perse, des peaux de moutons, des gravures, des selles en cuir rouge, des parasols, et une sorte de berceau dans lequel Kalkalli se faisait transporter d'un lieu à un autre sur la tête de ses esclaves.

Ce ne fut point sans un certain sentiment de honte que les Anglais découvrirent encore dans le palais, une épée sur laquelle étaient ces mots : *From Queen Victoria to the King of Achantis*. Ces malheureux noirs avaient eu la délicatesse de ne point tirer du fourreau l'arme qui leur avait été offerte par la souveraine de leurs ennemis actuels.

Dès le 6 février, l'armée commença sa retraite sur Cape-Coast-Castle après avoir attendu vainement des nouvelles du roi. On fit sauter son misérable palais, et la ville contre toute attente fut livrée aux flammes. Amoaful eut le même sort, et quand ces ruines fumantes attestèrent le triomphe des armes anglaises, le lieutenant H. Wood fut envoyé en Angleterre pour y annoncer la fin de la campagne.

Sir Garnet Wolseley pourrait-il pourtant se flatter d'avoir obtenu de bien grands avantages? Les Achantis, il est vrai, avaient été battus en deux rencontres sérieuses; le roi était fugitif et la capitale de ses provinces détruite. Mais le monarque africain n'avait pas capitulé, pas une d'once d'or n'avait été donnée aux Anglais comme indemnité de guerre, et au moment où la colonne anglaise quittait Coumassie en cendres, trois milliers d'Achantis en armes pouvaient l'inquiéter et lui faire payer cher sa pointe audacieuse. Bien plus, sir Garnet était obligé de regagner la côte sans suspendre sa retraite un seul jour, ses approvisionnements se trouvant épuisés.

Tout à coup une nouvelle inattendue vint surprendre l'armée anglaise en retraite. Kalkalli demandait la paix, offrait un millier d'onces d'or, et s'engageait à renoncer à tous ses droits sur Elmina.

On avait en quelque sorte oublié que le capitaine Glover, le grand ami des Haoussas, se trouvait sur le Volta, manœuvrant indépendamment de sir Garnet avec un nombre considérable de nègres enrôlés par ses soins. D'une main libérale, il avait semé l'argent, distribué des armes et versé des flots de rhum. Passant la Prah avec moins de mille Haoussas et Yombas, il s'était emparé d'un grand village du nom d'Obogo. Ce succès lui valut de nouvelles recrues, des noirs Croboes et Akims, et deux compagnies de chrétiens nègres qui ne se battaient bien qu'après avoir prié longuement chaque matin.

Le capitaine Glover avait eu pour instruction d'attaquer Juabin, la seconde ville du royaume des Achantis; ne se trouvant pas assez fort pour le tenter, il attendait sur la rivière l'Anum des nouvelles de sir Garnet, lorsqu'il apprit par des fuyards la prise de Coumassie.

Marchant alors en avant, il atteignit, sans trouver de résistance sérieuse, un village situé à sept milles seulement de la capitale. C'est alors que Kalkalli, effrayé de l'arrivée de cette nouvelle armée, envoya des émissaires à sir Garnet pour le prier d'arrêter à tout prix la marche du capitaine Glover. Sir Garnet, sans vouloir retarder le retour des troupes européennes à Cape-Coast, attendit à Fomana avec le contingent indigène l'accomplissement des promesses royales. Après quatre jours d'attente, arrivèrent enfin les mille onces d'or promises; quant au traité, le roi des Achantis signa tout ce qui lui fut demandé.

Le 19 février, sir Garnet Wolseley entra à Cape-Coast en triomphateur à la tête des troupes. Des arcs de triomphe y avaient été élevés en leur honneur par les négociants et les indigènes. C'était comme le prélude du chaleureux accueil qui attendait en Angleterre la colonne expéditionnaire. Jamais on ne vit dans la colonie africaine pareil enthousiasme. Les femmes indigènes couvrirent ce jour-là leur peau de craie blanche pour mieux plaire aux Anglais; d'autres, agitant des branches de palmier, ne cessaient de chanter en buvant de grandes rasades de rhum des hymnes de triomphe et de bienvenue. Nègres et négresses ne se possédaient plus. On vit même des soldats de la milice noire, après avoir reçu leur solde et leur congé, se promener dans les rues vêtus de longues robes, portant sur leurs têtes des chapeaux de femmes, et à leurs pieds de belles bottines de couleur.

Quant aux troupes européennes, elles furent tout de suite embarquées par mesure sanitaire, à l'exception du 1er régiment occidental, qui dut rester encore quelque temps campé sur les rives de la Prah.

Le roi des Achantis ayant définitivement abandonné ses prétentions de souveraineté sur Elmina, les Anglais songent à y apporter toute leur administration de Cape-Coast. Il est certain qu'Elmina

offre des garanties de plus grande salubrité et une
rade plus accessible que la ville et le port de Cape-
Coast-Castle.

En terminant, nous dirons qu'il est plus que certain qu'il entrait dans les plans de sir Garnet de
s'emparer de Coumassie, mais non pas de détruire
cette capitale : cela eût été une cruauté inutile,
car la position est sans importance au point de vue
militaire, et puis une ville africaine peut être
rebâtie en si peu de temps ! Les Anglais voulaient
avoir seulement à cœur de prouver aux Achantis,
comme ils l'avaient prouvé du reste aux Abyssins
de Théodoros, que l'Angleterre peut aller frapper
ceux qui la bravent jusque dans des régions répu-
tées inaccessibles.

Nous devons évidemment désirer le triomphe de
la civilisation sur la barbarie, tout en souhaitant
que nos puissants voisins n'emploient pas trop souvent contre les noirs, qui en somme ont défendu
un sol qu'il leur est permis de croire à eux, les
moyens de dure répression appliqués aux cipayes
de l'Inde ou aux nègres révoltés de la Jamaïque.
Les Anglais ne peuvent oublier que c'est de cette
côte sinistre de Guinée que des millions d'Africains sont partis pour aller blanchir de leurs
ossements les champs de canne à sucre d'avides

planteurs, et que, si l'Européen est vu avec horreur dans tous ces parages, c'est parce qu'il ne s'y
est présenté trop souvent que sous les traits d'un
odieux négrier. L'expédition actuelle aura eu
peut-être pour résultat de convaincre les indigènes de la côte que leurs féroces oppresseurs
n'étaient pas de force à jeter les Anglais à la
mer ; ils comprendront dès lors de quel côté sont
leurs véritables intérêts, et ils accepteront enfin
franchement le protectorat britannique.

# IV

# ATCHIN

L'EXPÉDITION HOLLANDAISE CONTRE LE SULTANAT

D'ATCHIN DANS L'ÎLE DE SUMATRA

A la fin de 1860, je revenais de Singapoor en
Europe sur l'*Achille*, bateau à vapeur de la Compagnie orientale et péninsulaire, lorsqu'il me fut
donné de fouiller, à la longue-vue et pendant une
journée entière, la côte nord-ouest de l'île de
Sumatra, à la pointe de laquelle se trouve le
royaume d'Atchin. Notre capitaine, que je crois être
quelque peu artiste, — chose rare chez un Anglais,

au lieu de prendre sa route par le centre du détroit de Malacca, eut l'idée heureuse de suivre de très-près le littoral. En différentes occasions nous nous en approchâmes tellement, que nous pûmes jouir tout à notre aise du spectacle d'une admirable végétation tropicale, de la vue de belles montagnes couvertes d'une brume bleuâtre, et distinguer, au point de nous en faire entendre avec un porte-voix, les indigènes qui travaillaient presque nus sur la plage. Au lieu de paraître contents ou simplement surpris de l'attention que nous leur accordions, comme des nègres n'eussent pas manqué de le faire, ces insulaires ne répondirent à aucun de nos appels et ne daignèrent même pas jeter les yeux dans notre direction.

Au soleil couchant, nous atteignîmes l'extrémité sud de l'île, là où finit, ainsi que je l'ai dit, la terre des Atchinois. Le résident hollandais de Samarang, M. de Serrières, qui se trouvait également à bord, m'assura, au moment où Sumatra disparaissait rapidement dans le crépuscule, que j'avais vu du sultanat d'Atchin plus qu'il n'était permis à beaucoup de ses compatriotes d'en voir.

J'appris aussi de la bouche de cette honorable personne, qui avait vécu pendant de longues années aux Indes néerlandaises, que l'état d'Atchin était une cause de préoccupations graves pour la Hollande.

Chaque jour, la nécessité de la conquête entière du littoral de l'île, ainsi que la reconnaissance du protectorat hollandais par les divers sultans qui s'en partagent encore la domination intérieure, étaient devenues pour elle plus nécessaires. De ce résultat dépendait, selon lui, la tranquillité de toutes les possessions hollandaises, c'est-à-dire de Java, Madura, Banca, Billiton, Célèbes, Amboine, Bornéo, et autres petits comptoirs de l'Archipel indien.

N'ignorant pas quels sont les revenus que les Pays-Bas retirent chaque année de leurs colonies de l'extrême ouest, sachant la haine déclarée que les Atchinois ont pour les Hollandais, je ne fus pas surpris d'entendre M. de Serrières me dire qu'il y avait là pour son pays une question de vie ou de mort. Une nation de trois millions et demi d'Européens qui tient sous une dépendance complète une population de vingt-deux millions d'Océaniens farouches doit prendre ombrage de tout ce qui peut porter atteinte à cette disproportion monstrueuse. La moindre faiblesse peut perdre le prestige sur lequel elle est basée et aucun ennemi n'est à dédaigner.

Les Anglais l'ont bien compris lorsque, pour racheter l'effet produit par la chute du Lucknou, ils durent verser des torrents de sang et pousser la cruauté jusqu'à faire attacher à la gueule des canons les cipayes révoltés. Mais la race atchinoise est autrement belliqueuse que celle qui vit humblement sous la domination anglaise ; elle est brave, intelligente, possède des armes perfectionnées, et garde religieusement le souvenir de la souveraineté qu'elle a exercée sur l'île de Sumatra du dix-septième au dix-huitième siècle.

La guerre entre Atchin et la Hollande était donc depuis bien des années à peu près inévitable, et nous sommes persuadés que les Atchinois y étaient résolus. Vaincus, ils devaient se retirer dans leurs montagnes inaccessibles aux Européens ; vainqueurs, ils auraient détruit avec rage ces comptoirs que leurs ennemis élevaient avec lenteur, il est vrai, sur les meilleurs points du littoral, mais avec une persistance pleine de dangers pour leur indépendance.

Nous ne devons pas oublier de dire ici que le royaume d'Atchin avait été protégé autrefois contre toute atteinte de la Hollande, en vertu d'un traité passé entre Atchin et l'Angleterre ; mais ce protectorat, qui portait la date de 1824, était devenu lettre morte. De ce moment que les Anglais acceptèrent des Hollandais, en 1870, les colonies néer-

landaises de la Côte d'Or, les premiers s'étaient
interdit par contre de protéger les indigènes de
Sumatra. On ne l'a su que trop tôt dans la capitale
des Atchinois; vainement les ambassadeurs du sultan
d'Atchin allèrent à Singapoor et jusqu'en France
auprès de Napoléon III chercher des alliances, vainement ils s'adressèrent à Constantinople, au chef
des croyants, pas une puissance européenne ne
voulut traiter avec les représentants d'un souverain
qui laissait la piraterie s'exercer chez lui, et le Grand
Turc ne put offrir à son vassal spirituel que les versets consolateurs, mais insuffisants, du Coran.

Par un autre traité passé entre les Hollandais et
les Atchinois, ces derniers s'étaient engagés à ne
pas se livrer à la piraterie, et à la poursuivre chez
leurs voisins. Inutile d'ajouter que le pacte ne fut
jamais observé et que des ventes d'esclaves des
deux sexes se pratiquaient journellement sur le
marché même d'Atchin et dans l'archipel Malais;
au sud des Philippines, et aux îles Souloo, il en
était de même. Si le gouverneur des Indes néerlandaises adressait à ce sujet de justes remontrances
au sultan, celui-ci répondait d'une manière éva-
sive, sans jamais offrir de garanties suffisantes
pour l'avenir.

Cet état violent de relations ne pouvait durer, et

la Hollande déclara officiellement la guerre aux Atchinois le 21 mars 1873. Elle dure encore. Avant d'en raconter les principales phases, nous croyons qu'une étude sur Sumatra, aussi brève qu'exacte, est tout à fait nécessaire.

I



Je crois que c'est Louis Barthéma de Bologne qui le premier a parlé de l'île de Sumatra en lui donnant le nom qu'elle porte encore aujourd'hui. Il la connut quatre ans avant l'arrivée des Portugais en Malaisie, donc sept ans après leur débarquement à Calicut. Voici tout ce qu'il en dit dans la relation du voyage qu'il fit, en 1505, de Tennasserin aux Moluques :

« ............ Nous fîmes route dans la direction d'une ville appelée Malacca, située au sud-est ; dans le voisinage se trouve un détroit, le plus long que je connaisse. On le nomme Gaza et il semble avoir quinze lieues de largeur. Sur la rive opposée à Malacca est une très-grande île appelée Sumatra. Ses habitants disent qu'elle a quinze cents lieues de circonférence. » Dans le manuscrit de Barbosa, Lisbonne, 1516, il est aussi brièvement question de Sumatra, et voici en quels termes : « Ayant passé l'île de Nicobar, le voyageur rencontre une très-grande île, Sumatra, de sept cents lieues de tour au dire des Arabes qui en ont parcouru les côtes. Elle s'étend dans deux directions nord-ouest et sud-ouest, et la ligne équinoxiale la coupe juste en deux.... » Banos, quarante ans après cette citation, écrit Çamatra. En 1522, c'est-à-dire onze ans après l'arrivée des Portugais en Malaisie, Piojofetta, qui a connu Barbosa, parle aussi de Sumatra. « Dans la nuit du mardi au mercredi, 11 février 1522, après avoir quitté Timor, nous vînmes dans une grande mer appelée *Laut-Chidol* ou mer du Sud ; nous dirigeant vers le sud-ouest, nous laissâmes au nord, par peur des Portugais, l'île de Sumatra, la Taprobane des anciens. »

Il est à remarquer que le nom de Sumatra n'a pas été mentionné par Marco-Polo, malgré la relâche forcée de six mois qu'il y fit pour cause de mauvais temps. Il connut pourtant Java, la seule grande terre de l'archipel, regardée comme une île

par les indigènes. Sachant que Sumatra était une
autre île, mais ignorant son étendue, il l'appela
petite Java.

Marco-Polo parle, en effet, de grandes îles situées
au sud de l'empire de Cathay, — la Chine — et ces
îles dont les Arabes portaient les productions jusque
dans la mer Rouge et le golfe Persique, ne peuvent
être que Java et Sumatra.

L'étymologie de la dernière n'a pu être trouvée.
Brawford, dans son *Dictionnaire des Indes*, croit
que ce nom provient du sanscrit et de l'indou.
« Sumatra, dit-il, est la terre la plus voisine de
l'Inde, et la plus visitée par ses marchands aussi
bien autrefois que de nos jours. Elle était principalement en rapports d'affaires avec la côte sud-est
de l'Indoustan, et c'est de cette contrée que les indigènes pensent avoir pris certaines coutumes reli-
gieuses ainsi que les mots de sanscrit qui se trouvent dans leur langue. L'*u* qui entre dans la première syllabe de Sumatra signifie *bon, parfait* en
sanscrit, mais sur les deux dernières syllabes il est
impossible d'établir quoi que ce soit. N'est-il pas
plutôt probable que le nom primitif ait été *Samudra*
qui, en javanais et en sanscrit, signifie *mer, océan,
vaste étendue d'eau ?* Rien n'empêche de supposer
que les Indous aient donné un semblable nom à

cette terre à laquelle ils ont fourni depuis un temps immémorial le sel et le coton, pour en retirer à leur tour de l'or, de l'étain, des épices et de l'encens. »

On a vu déjà que l'île de Sumatra était coupée en deux par l'équateur : sa latitude extrême au nord est de 5° 45', et au sud, de 5° 55'. Son plus grand éloignement du continent indien est de 150 à 160 myriamètres. L'île de Java n'en est séparée au sud que par une distance de 20 kilomètres ; c'est le célèbre détroit de la Sonde, la région orageuse par excellence. L'île de Sumatra est trois fois plus grande en étendue que Java et plus grande que la moitié de la Grande-Bretagne. Sa superficie totale est évaluée à 3,330 myriamètres carrés.

Au point de vue de sa formation géologique, l'île offre une série de rochers d'origine ignée dont la base est le granit. Il y a de nombreux volcans dans la partie centrale qui est la partie la plus large de Sumatra. Le principal est celui de Talang, à 3,125 mètres au-dessus du niveau de la mer. Il y en a quatre autres en activité ; à Java, on en compte quinze.

Ce qu'il y a d'étrange à Sumatra, c'est la stérilité de certaines régions montagneuses ; on connaît peu de terres offrant dans une étendue aussi res-

treinte un pareil contraste de végétation et de stérilité. Il y a des étendues immenses couvertes
d'une herbe nommée par les indigènes le lalang
(*Andropogon caricosum*), elle est sans utilité. Partout où elle croît on ne remarque ni un arbre, ni
un oiseau, ni un indigène. Si l'œil fatigué découvre
quelques arbrisseaux malingres, et que le voyageur
s'empresse d'en approcher dans l'espoir d'y rencontrer une source d'eau claire pour se désaltérer,
il ne trouve qu'un marais plein de reptiles et de
sangsues avides qui s'attachent aussitôt à ses
jambes.

Si on ajoute à la tristesse de ces régions désolées un vent brûlant qui souffle avec violence de
l'ouest pendant plusieurs mois de l'année, des incendies spontanés aux fumées aussi éclatantes que
les flammes, on aura une idée de ce que sont les
Padang-luwar ou grandes plaines. Elles forment
la presque totalité de la contrée des Battas.

Sans être absolument malsaines, ces étendues sont
inhabitables en raison des grands écarts de la température ; dans la journée le thermomètre varie
entre 34 et 37 degrés centigrades, et la nuit il
tombe à 17 et 19°. Mais, répétons-le, dans les vallées,
partout où il y a de grandes rivières, la végétation
est superbe, et les versants des montagnes d'où

les cours d'eau se précipitent vers les plaines sont couverts de bois de construction excellents ainsi que d'autres essences précieuses. C'est en vain, paraît-il, qu'on y a cherché le bois de teck très-abondant à Java.

Les principales rivières de Sumatra se trouvent dans la région orientale, où elles rencontrent les vastes plaines d'alluvion qui font face à Malacca. Comme en Cochinchine, les rivières changent de nom au fur et à mesure que leurs eaux arrosent de nouvelles contrées; celles qui sont connues des Européens, au nord-ouest, portent les noms de l'Assahan, Baruman, le Racan, le Siak, le Kompar, l'Indragari, le Jambi, et le Palembang. A l'occident, on trouve le Sinkel ; le Pagademgan et le Mas-uju se perdent dans les eaux du détroit de la Sonde. A l'exception des deux fleuves Siak et Palembang, dont les embouchures sont protégées par de petites îles, presque toutes les autres rivières ont leurs bouches obstruées au point de les rendre impraticables à des bâtiments d'un fort tonnage.

Il y a des lacs nombreux, le principal est le lac Sing-kava, d'où la rivière Indragari prend sa source. Il aurait trente-deux kilomètres de longueur sur vingt à vingt-cinq de largeur, et une profondeur de quarante-quatre. Peut-être en existet-il d'autres plus importants, mais Sumatra est loin d'avoir été explorée d'une manière approfondie. D'ailleurs, à l'exception des Philippines, on connaît peu de lacs considérables dans les autres îles de la Malaisie.

Les richesses minéralogiques ne laissent rien à désirer, car on y trouve du charbon de terre, le lignite, le soufre, le naphte, le granit, le marbre, le fer et l'or. L'étain ne se rencontre pas à profusion comme on pourrait le supposer en raison du voisinage des riches gisements de Banca. On l'exploite pourtant à Kampur, mais en petite quantité. Peut-être plus tard, quand des mineurs européens viendront visiter le pays, se présentera-t-il du mercure, du zinc et de l'antimoine.

Sumatra est d'une formation géologique si parfaitement égale à celles de Bornéo et de la presqu'île de Malacca, que la flore comme la faune devraient être identiques. Il n'en est rien pourtant.

La production du poivre noir est la principale richesse de Sumatra qui, à elle seule, en produit autant que tout l'archipel de la Malaisie. Le riz, le tabac, le sagou, le caféier y croissent fort bien, ce dernier en quelque sorte à l'état sauvage. L'aréquier est tellement abondant sur la côte orientale d'Atchin que de Pedir au cap Diamant le littoral en est tout couvert, et a pris le nom de cet élégant palmier. Le camphre et le benjoin s'y récoltent.

Douze kilomètres séparent Java de Sumatra et l'on y remarque, avons-nous dit, une grande dissemblance zoologique. C'est ainsi qu'à Java on ne trouve pas le tapir, l'orang-outang et l'éléphant de Sumatra. Le bœuf de Java n'existe pas à Sumatra. Un célèbre ornithologiste, M. Temminck, a aussi observé qu'il y avait dans les oiseaux une grande différence. Les gallinacés, les pigeons, les tourterelles diffèrent beaucoup. Le paon, commun à Java, n'existe pas à Sumatra, tandis que le faisan-argus de cette dernière terre est inconnu dans la première. L'espèce est généralement plus belle à Sumatra. Il y a là de quoi jeter les naturalistes dans un profond étonnement, et il y a pour M. Darwin un mystère curieux à dévoiler.

Les aborigènes de Sumatra sont pour la plupart de race malaise, et cependant ils diffèrent aussi entre eux d'une manière frappante de langage et de mœurs, comme cela arrive fréquemment dans les autres grandes îles d'Océanie.

Dans les quinze groupes ou nations qui peuplent Sumatra et les petites îles qui en dépendent, quelques-uns sont remarquables par leur intelligence : ce sont les Atchinois, les Malayous, les Battas, les

Palembangs, les Réjangs et les Saraonis. Les Loubous, Koubous, Aboungos et les Kumrings sont restés complétement en dehors de la civilisation ; ils sont aussi sauvages que les Dayaks de Bornéo, les Banouas de Malacca et les Negritos des Philippines.

Un M. Logan, qui a écrit sur Sumatra une étude fort bien faite, en classe ainsi les habitants. La nation la plus nombreuse serait celle des Malayous, qui compte 900,000 âmes sur une étendue de 1,500 myriamètres carrés, soit 600 habitants l'un. Ce sont les ancêtres de ces insulaires, navigateurs et conquérants, qui, dès le xii° siècle, visitèrent les archipels des Philippines, de Souloos et des Célèbes et firent pénétrer le Coran dans ces régions où régnaient autrefois le cannibalisme, l'ignorance et l'idolâtrie.

Ensuite viennent les Atchinois qui ne seraient, d'après M. Logan, que 450,000, occupant 560 myriamètres carrés ; soit 800 âmes par myriamètre carré. L'excellente carte du lieutenant-colonel W.-F. Wersteeg qui accompagne la monographie de P.-J. Veth sur la question d'Atchin, évalue l'étendue de ce territoire à 16,400 milles carrés, mesure anglaise, mais sans donner un chiffre positif de la population. Ensuite viennent les Palembangs, au nombre de 200,000, sur une étendue de 325 myriamètres carrés, soit 600 habitants ; les Saraonis, au nombre de 160,000 ; les Béjangs, 72,000 ; les Lampoungs, 92,000.

M. Logan n'évalue le chiffre total de la population sauvage qu'à six mille individus occupant de vastes surfaces très-peu connues. Comme les îles basses de la côte orientale sont occupées par des tribus qui ressemblent beaucoup aux tribus indomptées de l'intérieur de Sumatra, ce nombre nous paraît devoir être doublé.

Le groupe indigène le plus intéressant est, sans contredit, celui des Battas, que l'on a accusé à tort de manger la chair humaine ; il est le seul qui ait inventé une sorte d'alphabet phonétique exprimant comme le nôtre les articulations et les divers sons de la voix. En 1870, le résident de Déli organisa une mission pour aller étudier de près leur territoire. A sa grande surprise, il trouva ce peuple entièrement distinct de forme, de traits et de mœurs des races de l'archipel et de la péninsule. Les anciens des Battas étaient prophètes, prêtres ou rois. Ils possèdent des troupeaux nombreux et bien soignés ; ils n'ont qu'une femme et tout écart de leur vertu est sévèrement puni. Quoique armés pour la plu-

part de flèches et d'arcs, ils n'en connaissent pas
moins la fabrication de la poudre et la fabriquent au
fur et à mesure de leurs besoins. Le pays est couvert
des ruines d'anciens monuments dont les sculptures
ne manquent ni de goût, ni d'une certaine beauté.
Il y a des mines d'or à peine exploitées.

Au sommet de la plus haute chaîne des montagnes
où vivent les Battas, le résident de Déli trouva une
nappe d'eau de 20 milles de largeur dans sa partie
la plus étroite. Elle était navigable, et de nombreux
indigènes la parcouraient en bateaux bien évidés,
ornés à la poupe et à la proue de sculptures bien
faites, les voiles étaient en nattes.

Pour en terminer avec le nombre des habitants
de Sumatra, disons que celui de la côte occidentale
est évalué à 295,000 individus, et que sa population totale paraît devoir être de trois millions
approximativement.

Tous ces peuples n'ont pas d'histoire ancienne,
mais à n'en point douter, ils reçurent quelque
chose de la civilisation indienne ; des inscriptions
et quelques anciens vestiges en font foi. Le plus
grand événement qui ait pu s'accomplir dans ces
parages est assurément celui de la conversion des
grandes tribus au mahométisme. A quelle époque
un apôtre musulman débarqua-t-il à Sumatra?

de Barras assure que la transformation religieuse
eut lieu 150 ans avant l'arrivée des Portugais,
c'est-à-dire en 1360. Malgré tout le respect que
nous devons avoir pour cet écrivain, puisqu'il était
notre aîné d'environ trois siècles, on peut faire la
remarque que Marco-Polo trouva les peuples de la
côte orientale déjà musulmans en 1290, soit 70 ans
avant l'époque fixée par le célèbre historien portugais. La manière dont il raconte comment se fit la
conversion des indigènes de Sumatra nous paraît
fort exacte d'ailleurs, et mérite d'être citée : « Les
habitants de la côte suivent la religion de Mahomet.
Les princes des ports maritimes furent à l'origine
des Maures, des Persans, des Arabes, des Maures
des royaumes de Gougerate, de l'Inde méridionale
et du Bengale qui, dans un but de commerce, vinrent
dans les ports de ce pays. Ces hommes ayant observé l'état de ces contrées, leurs grandes étendues,
virent que les habitants étaient sans lois et bien disposés à recevoir leur propre religion, ils en conver-
tirent un certain nombre, demandèrent leurs filles
en mariage, se rendirent maîtres des pays, et avec
le temps prirent le titre de rois. »

La conquête de Sumatra, que les Portugais tentèrent dès 1527 avec une persistance et une bravoure dignes d'un meilleur résultat, coûta beau-

coup de sang aux envahisseurs et aux envahis.
Plus tard, vinrent les Anglais et les Hollandais
qui, pour avoir l'avantage de monopoliser le poivre
noir, ont fait massacrer un nombre considérable de
leurs compatriotes, et arrêté le développement de la
civilisation dans ces contrées. L'Angleterre ne
peut le nier : c'est grâce à la politique odieuse de
ces agents à Singapoor que l'esclavage a pu trouver
si longtemps, dans le royaume d'Atchin, une protection avouée et la facilité de s'exercer. Seuls, les
Hollandais ont aujourd'hui des ports à Sumatra,
et leur autorité est reconnue dans les districts de
Siak, d'Assahan, de Serdang, de Déli et de
Langkat sur la côte est; de Barros, de Singkel
et Sibogha, sur la côte ouest.

La principale de ces colonies est celle de Déli,
établie depuis dix ans déjà sur la rivière de ce
nom. Des spéculateurs de toutes les nationalités,
sans en excepter les Chinois, que l'on trouve partout
comme les Allemands, y aident puissamment au
développement des cultures, surtout à celle des
tabacs, qui est la principale production du pays.
Deux ou trois bateaux à vapeur partent toutes les
semaines de Déli pour Penang ; le trajet se fait en
40 heures.

C'est le grand développement que prend cette

colonie malheureusement très-fiévreuse, qui a peut-être plus contribué à augmenter la haine des Atchinois contre les Hollandais. Il est certain que ces derniers, avec l'établissement de Singkel sur la côte ouest, celui de Déli à l'est, tiennent le royaume d'Atchin en flanc par les côtes, en queue du côté de la terre, et de face par la mer.

# II



Le royaume d'Atchin ou Atjih, *lieu de la paix*, par ironie sans doute, est particulièrement montagneux, bien peuplé surtout sur les côtes, et soigneusement cultivé. Les masses puissantes de la chaîne de montagnes qui traversent l'île entière dans son axe longitudinal couvrent la plus grande partie d'Atchin où elles prennent le nom de Pédir-Daholi.

Toute la vie politique et commerciale du royaume se concentre dans trois districts que l'on nomme le Grand Atchin, et qui portent la numération assez bizarre de XXVI<sup>e</sup>, XXII<sup>e</sup> et XXV<sup>e</sup> *moukins*. Un moukins est une sorte de paroisse, une agglomération de villages ou *Kampongs*.

La capitale du royaume d'Atchin est à cheval sur la rivière de ce nom, dans un bas-fond marécageux, fréquemment sujet aux inondations. A peu de distance, vers le sud, s'étendent des plaines entourées de belles collines couvertes d'aréquiers et d'arbres fruitiers, dominées par un pic volcanique, le Ya-moura.

En côtoyant la partie orientale d'Atchin, celle qui fait face au détroit de Malacca, la première ville importante que l'on rencontre est Pédir. Plus loin, aux embouchures des rivières Gégian, Beuvon et Ajer-labai, on trouve trois autres petites villes portant ces trois noms. Le dernier kampong atchinois est Serruwei, sur le Tamisang, à la frontière des pays qui dépendent du sultan de Siak. Sur la côte occidentale de Sumatra, du côté de l'océan indien, se trouvent Kloewang et la baie de Og-Side. Téloekoret, où l'on vient en temps de paix charger du poivre, Rigas, avec un beau port et cinq mille habitants, Senagouy, Tivoeng, Tadoe, et beaucoup d'autres ports n'attendent que des temps pacifiques pour livrer leurs épices au commerce européen.

On sait que les poivres noirs sont la principale

production du pays : après eux viennent le riz et le camphre, le benjoin et la gutta-percha, le café, le coton, le tabac et un peu de soie. Les mines d'or seraient très-productives. Les éléphants d'Atchin étant dépourvus de longues défenses comme ceux de Ceylan, l'exportation de l'ivoire est très-restreinte. Par contre, on exporte d'excellents petits chevaux pleins de feu ; les voyageurs qui se sont fait rouler une seule fois dans les affreuses carrioles de Pulo-Penang, ne peuvent avoir oublié l'ardeur de ces animaux.

L'importation des articles d'Europe est nulle ; celle des autres contrées est insignifiante ; elle se borne à de l'opium, du sel, et à une espèce de poisson desséché qui vient du groupe des îles Maldives. Les armes de toute sorte, la poudre grosse et fine, s'y vendent toujours avec de grands profits, et il y a de longues années que les Atchinois, en prévision d'une guerre avec les Hollandais, en ont rempli leurs dépôts.

Il faudra beaucoup de temps avant que le territoire d'Atchin soit tout à fait ouvert aux Européens, mais ce temps viendra forcément, et alors il y aura, croyons-nous, dans les ressources et les besoins du pays, matière à des transactions réciproquement avantageuses. Sans le système de travail forcé infligé par le général Van den Bosh, en 1830, aux habitants de Java, ce résultat eût été obtenu depuis long-temps : la liberté eût fait ce que la violence ne put jamais faire.

L'Atchinois est robuste, fort et grand ; il aime les combats ou plutôt le pillage et la piraterie, et cependant on ne peut lui refuser un certain courage. Surprendre un équipage européen et le massacrer, au moment où un capitaine trop confiant le laisse monter à bord sous prétexte de négoce, est un guet-apens dans lequel il excelle. Des équipages de toutes les nationalités ont disparu ainsi. Il marche toujours armé de son crish afin d'être prêt à satisfaire une *vendetta* s'il est offensé. Il a des vices inqualifiables. Aux marchés d'esclaves des deux sexes, les enchères plus élevées sont réservées à des *mignons* parfumés et parés comme des jeunes filles.

Le costume des hommes consiste en un énorme turban écarlate, en un vaste gilet tombant jusqu'à la ceinture, un *sarrau* ou jupon, et des pantalons tombant à mi-jambes. Beaucoup ne portent que le sarrau bariolé et le turban. Les femmes vont nu-tête et n'ont que le jupon.

Leurs habitations sont, comme toutes celles de l'Océanie, construites en bambou, couvertes en latanier, et montées sur pilotis; elles ont par devant une sorte de verandah, où les femmes et les enfants stationnent et jouent accroupis, selon la coutume presque universelle des Océaniennes.

La constitution politique du royaume d'Atchin est oligarchique; elle est absolument semblable à celle qui est en vigueur à Sooloo, capitale de l'Archipel de ce nom, au sud des Philippines. Il n'y a qu'une différence dans les noms que portent les chefs héréditaires; les premiers s'appellent *Panglimas*, les seconds *Dattos*. Ils nomment et déposent de fait les sultans qui doivent obéir aux décisions prises en conseil par les chefs.

Autrefois, la puissance d'Atchin fut considérable. Lorsqu'au xvi° siècle les Portugais vinrent attaquer leur territoire, ils comptaient au nombre de leurs feudataires les sultans de Java et de Bornéo. En 1530, un sultan d'Atchin, le célèbre Sidi-Al-Radim, mieux connu sous le nom de Saladin, débarqua à Malacca avec 15,000 hommes et 200 canons. En 1567, un autre sultan du nom de Mantsou Sha, équipa des flottes formidables pour ce temps-là, conquit l'état de Djohor, et mourut assassiné au moment où il tenait en échec les Portugais, très-puissants alors. De 1613 à 1621, le sultan Iskander recula jusqu'à Padang les bornes de son royaume.

L'amiral de Beaulieu, qui vint à sa cour, affirme qu'Iskander lui montra un trésor composé de 18 millions de livres tournois, d'une masse de pierres précieuses, et de cent gros lingots d'or. Les danseuses de son harem, qui aujourd'hui sont fort peu couvertes, étaient enveloppées de magnifiques draperies d'or enrichies de diamants.

A la mort de ce souverain, le sultanat tomba entre les mains de femmes. Les chefs Panplimas, comme le dit avec raison le colonel hollandais Veth, durent trouver plus agréable d'avoir affaire à des sultanes qu'à des despotes de la trempe d'un Iskander qui faisait écorcher vif un courtisan coupable de l'avoir gagné dans un combat de coqs. En 1693, Atchin vit de nouveau les sultans monter sur le trône, mais le pays était affaibli et n'avait plus rien de son antique splendeur. Depuis longtemps déjà, la ville d'Atchin ne ressemblait plus à la capitale d'un royaume qui pouvait mettre en ligne deux cents éléphants et en batterie deux cents canons. Il y avait aussi bon nombre d'années que le Kraton, la résidence des sultans, aux portes plaquées d'argent, où deux cents eunuques armés veillaient sur un sérail de trois mille femmes, s'était transformé en une forteresse morne et délabrée.

Dès que les Hollandais s'aperçurent de cette fou-
droyante décadence, ils en profitèrent lentement
pour ranger un à un sous leur suzeraineté les nombreux petits états qui partagent le pays de Sumatra. Seul, celui d'Atchin, comme on l'a vu, a toujours résisté. Rien ne pouvait, en somme, le
contraindre à nouer des relations suivies avec la
Hollande. Mais à la suite de la violation du traité
contre la piraterie, de ventes publiques d'esclaves,
d'assassinats d'équipages, la longanimité néerlandaise devait à la longue et non sans raison s'é-
puiser. La Hollande, croyons-nous, a donc été
contrainte de se lancer dans une affaire qu'elle
ne désirait peut-être pas. Nous allons en donner les
principales péripéties, puisées aux correspondances
des journaux des Pays-Bas et aussi à l'excellent
travail que notre éminent collègue, à la *Revue des
Deux Mondes*, M. Albert Réville, a publié dans
ce recueil, le 1er juillet 1874.

# II

*Le général Kœler. — Déclaration de guerre. — Mort du général. — Le colonel van Daalen. — Fuite des Chinois. — Retraite. — Le général van Swieten. — Débarquement. — Sort d'un parlementaire. — Le choléra. — Le Kraton. — Un palais. — Deux canons pour deux femmes blanches. — Le Pangliman Polin.*

C'est le 22 mars 1873, que le navire de guerre hollandais la *Citadelle d'Anvers*, ayant à bord M. J.-N. Nieuwenhuisen, vice-président du conseil des Indes, jeta l'ancre devant Atchin. Ce bâtiment était suivi d'une escadre se composant du *Djambi*, du *Marnix*, du *Cochorn*, vapeurs à hélice, du *Sourabaya*, du *Sumatra*, bateaux à vapeur à roues, et de quelques autres petits navires moins importants.

Cette flotte avait à bord environ 5,000 hommes divisés comme suit : 2,800 d'infanterie, comprenant 1,934 soldats natifs de l'archipel ; 450 Européens d'infanterie de marine, un demi-escadron de cavalerie, 102 soldats du génie, une batterie de montagne de quatre obusiers de 12, quatre canons rayés de 8, et deux mortiers de 12. Le tout commandé par le major général Kœhler, en lequel l'armée avait une entière confiance.

Comment cette force parut-elle suffisante au gouverneur des Indes néerlandaises et au général Kœhler lui-même, pour mener à bonne fin une guerre contre des Atchinois? C'est un fait inexplicable. Et cependant, on peut dire, à l'appui de ceux qui se sont jetés si légèrement dans cette aventure, qu'en 1848, les Espagnols avaient dirigé pour les mêmes causes une attaque contre le sultan et les pirates de l'archipel des îles Sooloo, et que le corps expéditionnaire, composé principalement de soldats Tagales, réussit à châtier sévèrement ces forbans avec des moyens moins grands que ceux dont les Hollandais allaient disposer.

Le 26 mars, M. Nieuwenhuisen envoyait la déclaration de guerre au sultan; les 8 et 9 avril, le débarquement des troupes commençait. Grâce à l'artillerie puissante de l'escadre, elles purent sans peine s'établir à quelques lieues à l'ouest de la forteresse du Kraton, forte position de l'ennemi, distante de la mer de deux à trois milles anglais. Ce Kraton, qui servait avant la guerre de palais au sultan, est situé sur la rive gauche de la rivière d'Atchin, pendant que la ville de ce nom, et une grande mosquée appelée le Misrigit, se trouvent placées sur la rive droite.

Après une reconnaissance hardie des environs, l'ordre fut donné de marcher en avant. Les troupes avançaient avec entrain, lorsque tout à coup elles furent arrêtées par une fusillade terrible de l'ennemi retranché dans le Missigit. Des grenades hollandaises réussirent pourtant à y mettre le feu, et les soldats, profitant du trouble causé par la conflagration, pénétrèrent dans l'enceinte. Hélas ! cette prise devait être le premier et le dernier succès de cette première campagne.

Le tir incessant de l'ennemi, les boulets qu'il lançait avec une grande justesse jusque dans l'intérieur de la mosquée, convainquirent dès lors l'armée que les Atchinois opposeraient une vive résistance, et que la campagne avait été entreprise avec des forces insuffisantes. On ne douta pas non plus qu'il n'y eût avec l'ennemi un certain nombre de ces aventuriers européens que l'on voit accourir sous toutes les latitudes, partout où il y a une cause bonne ou mauvaise à défendre.

Le 14 avril, au moment où le général Kœhler, déjà découragé, cherchait un pli de terrain pour abriter ses troupes, une balle ennemie vint le frapper mortellement. On a insinué qu'il avait voulu se faire tuer. Cette supposition semble très-acceptable. Il est certain que le brave général ne s'aperçut que trop tard des difficultés de cette campagne et de certains obstacles qu'en sa qualité de chef d'expédition il eût dû prévoir plus tôt.

Le colonel van Daalen prit le commandement en chef de l'expédition. Son prédécesseur ayant eu le tort de ne communiquer son plan de campagne à personne, M. Daalen dut croire qu'il n'y avait qu'une chose à faire : marcher à l'attaque du Kraton, s'en emparer, et y attendre les propositions du sultan.

Il ne fut possible d'exécuter que la première partie de ce programme. Les troupes, pleines d'ardeur au début, ayant eu à subir pendant longtemps un feu très-nourri de l'ennemi qui tirait à couvert, finirent par montrer quelque mollesse. Ce fut en vain qu'une compagnie d'Européens entra bravement jusque dans l'un des ouvrages ennemis, quelques bataillons indigènes fléchirent, et les Chinois porteurs des échelles d'assaut, en se voyant exposés aux balles, s'enfuirent honteusement selon leur coutume.

Les Atchinois, voyant les Célestes courir dans la

direction de la mer, devinrent plus audacieux et essayèrent un mouvement tournant pour couper aux Hollandais le chemin de la retraite. Le colonel van Daalen aperçut à temps cette manœuvre, et, jugeant la campagne perdue, ordonna aux troupes de rejoindre le littoral afin de s'abriter sous les canons de l'escadre.

Le 27, un conseil de guerre tenu à bord du *Sourabaya* décida qu'on enverrait un télégramme à Batavia pour demander au Gouverneur des Indes Orientales l'autorisation de s'embarquer. Les pertes étaient déjà considérables, car elles consistaient en 500 hommes morts ou blessés. La dyssenterie, les fièvres paludéennes faisaient des ravages à bord des bâtiments de l'escadre, et des vents contraires, dont la durée est généralement de six mois, menaçaient de souffler d'un moment à l'autre. Quelques jours après l'envoi de la fatale dépêche, l'autorisation de quitter arriva, et l'expédition, en bon ordre mais profondément attristée, abandonna la côte d'Atchin.

Comme nous l'avons déjà dit, la puissance des Européens est basée, dans ces contrées, sur un prestige auquel il est très-dangereux de laisser porter atteinte. Une prompte revanche fut donc reconnue en Asie comme en Europe absolument nécessaire.

A la Haye, l'opposition chercha bien à profiter de cet échec pour renverser le conservateur M. Franzen van den Putte, Ministre des colonies, mais la chambre, tout en reconnaissant qu'on avait agi avec trop de précipitation, vota tous les subsides qui lui furent demandés. M. Brocx, le Ministre de la marine, envoya de son côté à Sumatra des forces suffisantes pour en faire respecter le blocus.

Le roi Guillaume III désigna pour commander la nouvelle expédition un vieux et brave soldat, le général van Swieten, déjà célèbre par ses campagnes aux Indes. De 1827 à 1862, à Sumatra, à Boli, à Boni dans les Célèbes, il avait toujours été victorieux et avait résolu le difficile problème de se faire aimer et redouter de ses ennemis. Joignant à une bravoure éclatante une fort grande douceur, on savait qu'il ménagerait autant la vie des soldats placés sous ses ordres qu'il éviterait d'irriter les Atchinois par des représailles trop sanglantes. L'opinion publique ratifia de tous côtés cette nomination. Né en 1808, d'un père hollandais et d'une mère française, c'était à l'âge de soixante-six ans qu'il acceptait un tel commandement. Comme on le verra par la suite, un chef plus jeune n'eût pas montré plus d'énergie et d'activité.

Le général arriva devant Atchin dès le 23 novembre avec 9,500 soldats qu'assistaient trois mille coulies porteurs d'échelles, de bagages et de munitions de guerre. Ce sont des auxiliaires fort gênants et tapageurs, mais qu'il faut absolument subir dans les expéditions de l'extrême orient. Les empêcher de parler à tue-tête et les faire marcher sans bruit est ce qu'il y a de plus difficile au monde. A part cela, ils rendent de véritables services et la plus patiente des bêtes de somme ne ferait pas mieux qu'eux.

L'infanterie se composait de 6,500 hommes, le génie de 600, l'artillerie de 74 bouches à feu rayées, de quelques mortiers, deux mitrailleuses et de 700 hommes. Il y avait en outre un escadron de cavalerie, nombre très-suffisant dans un pays de montagnes et de marécages.

L'escadre, montée par 1,300 marins, armée de 58 canons, comptait cette fois huit bateaux à vapeur de guerre et un nombre considérable de transports et de petites embarcations. Qu'est-ce que les Atchinois pouvaient opposer à ces forces? Vingt mille hommes peut-être, chiffre que l'on croit être celui des guerriers qu'ils mirent en avant lors de la première attaque. Mais si, en rase campagne, ce chiffre des ennemis ne signifiait rien, dans les défenses naturelles du pays d'Atchin, il devenait formidable; puis les Atchinois avaient été une fois victorieux, et ce souvenir devait contribuer à les rendre plus confiants dans leurs armes.

Le débarquement commença le 6 décembre et était en voie de se terminer le 11, lorsqu'on s'aperçut avec terreur que le choléra était déjà à bord de la flotte et que le *beri beri*, la terrible fièvre des marais, commençait à sévir.

Une fois à terre, le général van Swieten expédia au Sultan un émissaire malais escorté de quatre indigènes avec une lettre dans laquelle il était dit que les Hollandais revenaient devant Atchin avec plus de forces qu'il n'en fallait pour prendre dix Kratons. La Hollande ne voulait, disait l'épître, ni toucher à la religion des Atchinois, ni à leur propriété, ni à l'autorité du Sultan; elle venait seulement exiger, sous la reconnaissance de la suzeraineté néerlandaise, la libre navigation des côtes et la sécurité des transactions commerciales.

Comme c'était à craindre, l'émissaire malais, un pauvre diable nommé Widikdio, fut arrêté, ainsi que ses compagnons, par une troupe armée de l'ennemi. Ces derniers, quoique devenus les esclaves d'un chef dont ils portaient le fusil et la cartouchière, n'en furent pas moins exposés tous les jours aux ardeurs d'un soleil brûlant pendant plusieurs heures. Quant à Widikdio, on lui attacha les mains et, couché sur le dos, on lui infligea le supplice de l'eau, c'est-à-dire qu'on le força à boire jusqu'à complet étouffement.

Qu'attendre, qu'espérer de pareils barbares? Rien absolument. Il n'y avait qu'à renoncer à toute transaction pacifique pour le moment, à s'avancer lentement, sans s'exposer à quitter les positions qu'on aurait une fois prises. Ce fut le système qu'adopta le général van Swieten et qu'il suivit jusqu'à son entrée triomphale dans le Kraton. L'ennemi se battait admirablement, faisait parfois des retours offensifs pleins d'audace, mais sans cesse harcelé dans ses positions par l'artillerie néerlandaise qui les couvrait d'obus, force lui fut d'abandonner les hauteurs voisines du camp hollandais. Dès qu'on voyait les Atchinois en déroute, les troupes expéditionnaires allaient couronner les hauteurs et s'y fortifiaient de manière à pouvoir toujours s'y maintenir. Chaque jour le Missigit et le Kraton se voyaient resserrés par un cercle de fer et de feu d'où leurs défenseurs ne pourraient bientôt plus s'échapper. Le Missigit se rendit le premier, mais ce ne fut pas sans pertes douloureuses du côté des Hollandais; 220 hommes y furent tués ou blessés. On le fortifia, des forces importantes y furent concentrées et les collines qui le dominaient occupées de façon à en tenir l'ennemi éloigné.

Pendant ce temps, le choléra frappait les deux camps. L'ardeur des deux côtés était trop grande pour qu'on songeât un seul instant à une suspension d'armes. Sur ces entrefaites, le sultan de Pedir, beau-frère du sultan d'Atchin, Mahmoud-Aladin, ayant été convaincu d'alliance offensive et défensive avec ce dernier, le général van Swieten envoya une escadrille bombarder la ville de Pedir et jeter par terre les fortifications qui la défendaient. Cette leçon sévère dut produire une salutaire terreur dans l'esprit des autres sultans de l'île de Sumatra et les dégoûter de venir en aide à celui d'Atchin.

Le Kraton est une sorte d'enceinte carrée, fort étendue et entourée de murs; un cours d'eau la traverse. Quoique renfermant dans son intérieur des esplanades, des poudrières, une mosquée, des bâtiments séparés par des murs épais et des clôtures, il faut en quelque sorte être dessus pour le voir. Une position qui le dominait ayant été occupée par les troupes, on apprit bientôt que le sultan d'Atchin, ne se croyant plus en sûreté dans la mystérieuse forteresse, l'avait abandonnée nuitamment. Un jour, le 24 janvier, on remarqua avec surprise que l'artillerie du Kraton, toujours bruyante, se taisait complétement; on approcha avec précaution des chevaux de frise en bambous qui entouraient la place, et on reconnut avec joie qu'elle n'avait plus un seul défenseur.

Ce ne fut pas sans une certaine émotion que les Hollandais entrèrent dans cette vieille enceinte, où pourtant rien ne rappelait plus l'ancienne splendeur des grands sultans d'Atchin. Le *palais* du souverain actuel n'était plus qu'une masure à peine plus grande qu'une habitation indienne ordinaire. On y trouva quelques chaises brisées, des lits démontés, un vélocipède, et une caisse renfermant quelques lettres, dont une du roi Louis-Philippe, écrite en 1843. Au centre du Kraton s'élèvent encore aujourd'hui plusieurs sépultures des anciens sultans: elles sont décorées de sculptures fantastiques et incompréhensibles, d'un caractère tout local, et dont on ne pourra avoir un jour l'énigme qu'à l'aide d'une connaissance approfondie des vieilles coutumes Atchinoises. Le sérail était désert. Disons, pour en terminer avec la description du Kraton, qu'il renferme trois murs d'enceinte de vingt-cinq pieds de haut avec seize pieds d'épaisseur à leur base, et qu'un fossé fangeux qui l'entoure de tous côtés en rend l'approche impossible à de l'infanterie précédée de canons.

On ne trouva pas dans le Kraton toute l'artillerie qu'on espérait y rencontrer, et le génie hollandais fut très-surpris de la manière toute primitive dont les pièces étaient armées et montées. Il y a peu de mois, le *Nederland* déposait sur les quais de Rotterdam les plus curieux specimens de ces bouches à feu, dont l'une de seize pieds de long, avec une ouverture de quinze centimètres au plus, était ornée d'incrustations en argent et travaillée avec beaucoup d'art. Deux autres, d'origine anglaise, portaient la date de 1617. Elles auraient été offertes par Jacques I<sup>er</sup> d'Angleterre au sultan Iskander d'une manière assez plaisante. Le souverain d'Atchin avait demandé à son frère Jacques de lui envoyer « deux femmes blanches, s'engageant, si l'une d'elles lui donnait un fils, à l'établir roi de la côte du poivre, afin, disait-il au roi d'Angleterre, que votre peuple ne soit plus forcé de venir chercher son poivre chez le mien. » Au lieu de deux femmes blanches, le roi anglais avait envoyé deux canons. Iskander ne fut pas content, dit-on, de la manière dont sa demande avait été interprétée, mais il n'en garda pas moins le cadeau.

Nous sommes à la fin de 1875, et indépendamment du terrain qui entoure Boloé, le lieu où s'est fait le second débarquement, indépendamment du

Kotta-Radja, nom malais du Kraton, les Hollandais occupent encore, depuis le 30 avril de cette année, Lohong, dans l'intérieur des terres, et Sœngeiraya. Sur la côte est, un phare a été érigé à Boloé, et un chemin de fer va relier la mer au Kratôn. En outre, dix à douze forteresses commencent à s'élever autour de l'ancien palais des sultans, et en assurent ainsi la possession définitive.

Malgré les progrès des occupants, malgré les pertes journalières que subissent les Atchinois, ces derniers continuent à combattre avec un fanatisme que rien ne refroidit. Le sultan est mort du choléra depuis longtemps sans laisser d'héritier. C'est le pangliman Polim qui, d'accord avec les autres nobles du sultanat d'Atchin, s'est mis à la tête de la résistance. Tous ces chefs, retirés prudemment dans leurs montagnes, bien à l'abri des balles, n'en font pas moins faire la guerre par leurs vassaux, — « guerre sainte », disent-ils, et elle le serait en effet chez un peuple moins adonné à la piraterie.

S'il faut en croire les récentes dépêches du général Pel qui commande aujourd'hui les troupes hollandaises, la majorité de la population atchinoise désirerait la paix, mais Polim et ses amis se refusent à tout accommodement, et le peuple est trop fanatisé par ses califes pour pouvoir écouter la raison. Cet état d'hostilité peut durer de longues années.

Nous croyons que la Hollande se contentera momentanément de posséder à Atchin le territoire restreint qu'elle y occupe aujourd'hui. Elle n'en continuera pas moins à vouloir faire reconnaître sa suzeraineté par les divers sultans qui se sont refusés à la reconnaître jusqu'à ce jour. Elle y réussira, nous l'espérons et nous en avons la conviction, d'autant mieux que les indigènes de Sumatra savent fort bien que jamais les Hollandais n'oseront établir dans leur île le système monopolisateur qui règne à Java. Ce système odieux est déjà d'ailleurs vivement attaqué à la Haye même et doit infailliblement disparaître.

Si nous admettons en principe que la civilisation européenne ait le droit d'anéantir par tous les moyens qui sont en son pouvoir les races rebelles au progrès, celles qui pratiquent encore la piraterie et la servitude, nous ne lui reconnaissons pas la faculté d'en abuser. C'est pourtant ce que la Hollande a fait à Java. Qui sait si sa domination définitive et bien assurée dans l'archipel malais ne dépend pas d'une sage réforme de ses lois indiennes ?

Beaucoup d'esprits qui se sont occupés de colo-

nisation le croient. La sympathie personnelle que
nous professons à l'égard des Hollandais, si libéraux
chez eux, nous autorise à les engager à étendre
leur libéralisme jusqu'au cœur des populations
indiennes soumises à leurs lois.

V

LA

# TRAITE DES COULIES

## A MACAO

*

Au commencement de l'année 1873, le navire péruvien *Maria-Luz*, commandé par le capitaine Herrera, fut contraint, manquant d'eau douce, de faire une relâche à Kanagava, un des ports importants du Japon. Ce bateau, parti depuis dix jours à peine de Macao, avait à bord 238 coulies chinois qu'il transportait à Callao, ville maritime du Pérou, située à deux milles de Lima. Aussitôt à l'ancre, un essai tumultueux de débarquement fut tenté par les passagers ; mais l'équipage, qui se

tenait sur le qui-vive, parvint aisément à le comprimer, grâce à des coups de bambou et de
garcette libéralement distribués. Quelques jours
après, pendant une nuit sombre et pluvieuse,
quatre ou cinq coulies réussirent pourtant à passer
par-dessus bord et à gagner la terre à la nage. Ces
mauvaises têtes, réclamées dès le lendemain aux
autorités japonaises par le capitaine, lui furent re-
mises sans difficulté, ainsi que cela se pratique
pour des matelots déserteurs. Dès qu'ils arrivèrent
sur le pont de son bâtiment, Herrera, armé de longs
ciseaux, devant tous les coulies assemblés, sup-
prima aux fugitifs la queue en cheveux tressés que
tout bon Chinois doit avoir flottante derrière le
dos, — mutilation déshonorante, considérée dans
tout l'empire du Milieu comme un outrage irréparable. L'application exemplaire de ce châtiment
redouté n'eut pas tout l'effet qu'on en attendait, car,
peu de jours après, d'autres coulies parvinrent encore clandestinement à gagner la terre. Cette
fois, quand le capitaine du navire péruvien se
présenta pour les réclamer à la police japonaise,
celleci, agissant sous la pression des résidents
européens, refusa catégoriquement de livrer
les déserteurs. Un tribunal composé du gouverneur de Yokohama, des consuls de France,

d'Angleterre, d'Allemagne, se réunit aussitôt pour écouter les vives protestations d'Herrera, qui criait à l'arbitraire. A la grande stupéfaction de ce dernier, le jury international, assimilant à l'ancienne traite des noirs l'émigration des coulies telle qu'elle se pratique à Macao, ordonna sur-le-champ la mise en liberté de tous les Asiatiques qui se trouvaient à bord de la *Maria-Luz*, et subsidiairement leur rapatriement en Chine.

Tout en protestant, Herrera dut s'exécuter et faire mettre à terre sa vivante cargaison. Ce jour-là seulement, ce capitaine apprit par un de ses amis qu'en 1868 pareille mésaventure était arrivée au subrécargue d'un navire espagnol qui, à la suite d'un gros temps, s'était réfugié dans un port anglais. Nous devons ajouter que la cour de Pékin, dès qu'elle eut connaissance du jugement rendu à Yokohama, envoya au Japon Chen, un de ses grands dignitaires, avec ordre de ramener les émigrants à Nankin. L'empereur céleste, pour bien faire savoir à Macao qu'il était ennemi de l'exportation de ses sujets, se hâta d'élever Chen, après sa mission accomplie, à un grade supérieur à celui dont il jouissait déjà. Le capitaine Arthur du navire de guerre anglais le *Iron-Duke*, ainsi que le docteur Mac-

Cartee, qui tous deux avaient coopéré d'une façon active au rapatriement de la cargaison de la *Maria-Luz*, reçurent aussi de sa majesté chinoise, et certainement dans la même intention, une médaille d'or avec la décoration du Kungpai de première classe.

A la nouvelle de ce qui s'était passé à Yokohama, le gouvernement péruvien se montra fort irrité. Son premier mouvement fut d'envoyer au Japon et dans les ports de Chine un plénipotentiaire escorté d'un bâtiment cuirassé, avec mission d'obtenir par tous les moyens possibles réparation du dommage causé à ses nationaux. Peu à peu cependant le Pérou se calma, et si un chargé d'affaires de cette république s'est présenté dernièrement dans ces lointains parages, il y est arrivé sans escorte guerrière. Les Anglais, qui avaient craint un moment l'arrivée à Yeddo d'une force péruvienne quelconque, qui avaient excité les coulies à la rébellion, poussé les autorités japonaises à déclarer négoce criminel l'émigration macaïste, s'étaient empressés, inquiets des suites de leur trop active intervention dans toute cette aventure, de soumettre la question de la *Maria-Luz* aux jurisconsultes de la Grande-Bretagne. Ces derniers viennent de rendre leur verdict en déclarant que le tribunal international présidé par le gouverneur de Yokohama avait agi conformément aux lois qui suppriment la traite et l'esclavage.

Nous nous proposons d'exposer ici ce que nous avons vu et appris personnellement à Macao de l'enrôlement des Asiatiques pour l'Amérique et les Antilles espagnoles; nos lecteurs pourront ainsi à leur tour juger la question. Inutile de dire que nous ne confondons pas cet odieux trafic avec l'émigration des coulies telle qu'elle a lieu sur la côte du Malabar, au grand avantage des Hindous et des planteurs français de l'île Bourbon. Ce qui se passe à Macao n'a rien de commun non plus avec l'émigration libre de Shang-haï, qui a pour résultat de faire affluer les Asiatiques en nombre considérable sur divers points de la Malaisie, de la Polynésie et de l'Amérique du Nord, en attendant qu'ils se ruent comme des sauterelles affamées sur la vieille Europe. Nous avons connu des Chinois millionnaires à Singapour, dans les Indes néerlandaises et aux îles Philippines; d'autres encore possédent à San-Francisco de grandes fortunes, et nous pouvons certifier qu'ils avaient quitté leur pays natal aussi pauvres que les coulies au moment de leur embarquement; mais pas un de ces heureux parvenus n'était parti sous d'aussi tristes auspices.

# I



Lorsqu'il y a vingt ans les émules des Wilberforce, des Clarkson et des Burton apprirent que la traite des noirs, à peu près partout victorieusement combattue, venait de reparaître dans l'extrême Orient sous l'honnête désignation « d'émigration de coulies, » la presse de la Grande-Bretagne fit entendre sous leur impulsion de généreuses protestations : aujourd'hui encore elles sont plus ardentes que jamais dans les journaux anglais publiés en Chine et au Japon. Ce qui révolte davantage les âmes tendres qui ont voué leur vie à l'abolition de l'esclavage, c'est que l'odieux trafic ne s'attaque plus comme autrefois à une race dite *esclave par nature*, à des êtres humains dont un pape, Léon X, approuvait l'asservissement, mais qu'il s'est rabattu sur la race jaune, très-supérieure intellectuellement aux hommes à peau noire. Comme pour braver plus effrontément ceux que cette nouvelle exploitation de l'homme par l'homme indignait, le racolage et l'embarquement des Chinois n'avaient pas lieu. ainsi que cela se pratiquait pour la traite des Africains, nuitamment, sur un point de côte désert et sablonneux, comme il s'en trouve sur la côte de Guinée, loin de l'atteinte redoutable des navires de guerre chargés de poursuivre les négriers et de pendre leurs équipages, s'ils résistaient. La traite des Chinois s'exerçait au grand soleil, dans une colonie portugaise, à la vue et au su de vice-consuls européens, dans une possession appartenant à une nation qui, sous le règne d'un de ses plus grands rois, José 1ᵉʳ, avait aboli l'esclavage dans ses possessions d'outre-mer et notamment au Brésil ; mais le Portugal est loin, hélas ! de ces époques héroïques, et le Japon, nation née d'hier, en repoussant de ses eaux la *Maria-Luz*, vient, avec l'appui d'un tribunal international, de le dépasser grandement dans une haute question d'humanité.

Comment Macao est-il devenu le centre d'une émigration si odieuse ? La réponse est dans l'esquisse que nous allons faire des possessions portugaises d'Asie, esquisse qui fera comprendre comment les trafiquants en coulies, repoussés des ports anglais et chinois, ont pu trouver réunies à Macao les tristes conditions morales et matérielles dont ils avaient besoin pour mener à bonne fin leurs opérations. En effet, lorsqu'on visite de nos jours ce qui reste debout des colonies conquises au xvie siècle dans l'extrême Orient par les Portugais, on est douloureusement frappé de voir combien elles ont suivi, au point de vue commercial, le déclin foudroyant de la métropole, et comment elles s'éteignent dans un marasme dont aucune force morale ou physique ne pourra plus les faire sortir. Pourtant nulle nation d'Europe n'a été illustre et puissante comme le Portugal en Asie. Son immense empire s'étendait du détroit de Bab-el-Mandeb jusqu'à celui de Malacca. Dès la fin du xve siècle, Vasco de Gama, parcourant le premier la grande voie qui conduit par mer de Lisbonne aux Indes orientales, arrivait à Goa. Presque aussitôt François d'Almeida s'emparait de Ceylan, la plus belle perle de l'Océan indien. Les Moluques, ces îles aux riches épiceries et aux oiseaux merveilleux, trafiquaient avec Alphonse d'Albuquerque. La Chine, pays soupçonneux, fermé jusque-là, entre-bâillait sa porte à l'appel de Lope de Soarès, et

voulait bien, pour un moment, essayer avec des
Européens quelques transactions commerciales. En
un mot, il n'y avait pas une seule cour des Indes où
le nom portugais ne fût respecté à cette époque
autant qu'il était glorieux et jalousé dans le vieux
monde. Aujourd'hui, quand à Goa on s'arrête devant les ruines d'immenses édifices, qu'on mesure
du regard l'épaisseur des murailles de Colombo, la
capitale cingalaise, qu'on voit les anciens palais de
Macao gisants à terre et métamorphosés en bouges
ou en habitations sordides, on est saisi d'une
grande pitié en présence des ruines de tant de
splendeurs passées. « Cette tête avait une langue
et cette langue chantait, » pourrait-on s'écrier avec
Hamlet. Que reste-t-il en effet de cet immense
empire ? Rien ou presque rien : Goa, Diu, Timor
et Macao. Goa est sans vie, sans commerce ; on en
parle encore dans la presqu'île indienne parce que
c'est une fertile pépinière de cuisiniers, de joueurs
de flûte et de barbiers complaisants, trop complaisants. Diu est une petite bourgade sur les bords du
Combayo, non loin de Surate, où les fièvres terras-
sent annuellement, après la saison pluvieuse, une
population misérable et sans aucune énergie, sans
même celle dont elle aurait besoin pour fuir de
quelques pas ce foyer d'infection. Timor est rempli

de lépreux ; les Européens, fort rares heureusement, qui par contagion sont atteints de l'horrible mal, vont s'y réfugier plutôt que s'y cacher, sachant bien que dans cette possession malsaine ils ne seront pour personne un objet de dégoût et de répulsion. Reste donc Macao, qu'un beau reflet de la gloire de Camoëns illustrerait encore, — car c'est là que le poëte lusitanien composa son admirable poëme des *Lusiades*, — si les trafiquants en coulies, aidés par l'inqualifiable tolérance du gouvernement de Lisbonne, n'étaient venus y ouvrir leur comptoir. Chassés de Hong-kong et de Shanghaï, non par la violence, mais par le mépris qu'ils inspirent aux Anglais et aux autorités chinoises, les traitants ont su découvrir dans les vieux palais en ruines de Macao les vastes prisons dont ils ont besoin pour enfermer leur cargaison humaine jusqu'au jour définitif de l'embarquement pour la Havane ou le Pérou. Ils y ont même trouvé, comme on verra, des commissaires du gouvernement portugais qui apportent aux opérations des trafiquants par leur intervention officielle une véritable sanction légale.

Macao est situé sur la pointe méridionale de la presqu'île de Kauming, et n'est séparé du territoire de la province chinoise de Kouang-toung que par une muraille tout aussi délabrée que la grande muraille de la Tartarie. Lorsque le voyageur y arrive de Hong-kong à bord du *White-Cloud*, le charmant petit bateau à vapeur qui fait journellement ce trajet en six heures, ses yeux enchantés découvrent de hautes collines boisées, un entassement de rochers pittoresques, une agglomération de maisons s'élevant en gracieux amphithéâtre, puis une plage blanche, sablonneuse, formant l'arc parfait que les Portugais appellent *Porto de Praya grande*. C'est là que pullule et s'agite la population amphibie des pêcheurs macaïstes.

Dès qu'on a jeté l'ancre, on voit s'élancer du port, dans la direction du *steamer*, une nuée de petites embarcations manœuvrées avec une rare énergie à l'aviron par des femmes. Leur costume est tellement semblable à celui des hommes qu'il serait impossible de les distinguer de ces derniers si, au moindre mouvement de leurs corps robustes, d'énormes seins ne soulevaient dans toutes les directions leur courte chemisette. Il n'y a généralement à bord du *White-Cloud* que trente passagers de première classe ; cent batelières n'en accourent pas moins, bien décidées à s'emparer d'un voyageur au moins, et à l'entraîner coûte que coûte au fond de leurs légers *sampans*. Dès qu'elles sont à portée de la voix des victimes qu'elles convoitent, l'audace des mégères devient terrible ; leur élan est si impétueux que le capitaine, dans la crainte de voir son pont envahi, ses ballots et ses passagers enlevés, se trouve obligé de faire jouer rapidement en avant et en arrière les aubes des roues. Lorsque le *steamer*, comme un cheval qui piaffe, a soulevé une mer impatiente autour de ses flancs, les barques s'amoncellent et se heurtent dans un désordre effroyable, les avirons s'entremêlent et se brisent, le tout au milieu des clameurs de cent femmes exaspérées et du sifflet strident de la machine. C'est précisément à l'instant où sampans et rameuses sont dans le plus grand désarroi que l'on doit se hâter, si l'on est pressé de débarquer, de se mettre en haut de l'échelle. On n'y attendra pas longtemps un bateau plus avisé que les autres. En ce qui me concerne, deux bras vigoureux, ceux d'une jeune Macaïste, m'enlevèrent comme une plume dès que j'eus mis un pied timide hors du bordage. Je fus presque aussitôt déposé au fond d'une cabine tapissée de nattes, et dix minutes après, ressaisi de nouveau par l'athlète féminin, j'étais doucement replacé par elle debout sur le sable du rivage. Le port de Macao n'ayant pas de débarcadère, la Macaïste avait dû, pour m'éviter un bain de mer désagréable, se mettre à l'eau jusqu'à la ceinture, et me porter dans ses bras robustes jusque sur la terre ferme. Là, je lui donnai deux piastres qu'elle remit aussitôt devant moi à un individu de mauvaise mine, peu vêtu, et qui, accroupi sur ses genoux, semblait philosophiquement attendre l'argent que la batelière, sa femme sans doute, venait de lui glisser dans la main. Je vis ce singulier mari faire un signe de croix en tenant du bout des doigts les deux pièces blanches, bâiller, s'étendre sur le sable chaud de la plage et fermer les yeux. J'appris quelques heures après que c'était le métier le plus honnête que pût faire un indigène : il ne devient dangereux que s'il est à bout de ressources, ou s'il n'a pas une femme courageuse qui lui donne d'une façon ou d'une autre du tabac, de l'opium et du riz.

Il n'y a que trois grandes maisons à Macao qui s'occupent de l'émigration des coulies, mais leur activité est si grande, leurs agents si nombreux dans la province de Kouang-toung et à Canton même, qu'en un an elles parviennent à racoler quatre mille individus en moyenne. C'est ainsi qu'en 1872 elles ont pu charger pour le Pérou les navires péruviens *America* et *Rosalia* avec 1,140 coulies ; pour la Havane, les navires espagnols et français *Altagratia, Rosa del Turia, Alavasa, Véloce* et *Bengali* avec 2,447. On remarquera que dans cette liste, où nous avons le regret de voir figurer des noms français, il n'y a pas un navire de la Grande-Bretagne ; les Anglais, qui n'avaient aucun scrupule à vendre des canons aux Chinois pendant que le Céleste-Empire était en guerre avec l'Angleterre, ont longtemps refusé pourtant ce genre de transport, malgré le joli fret de 15 livres sterling qui leur est offert par tête de Chinois. Il est vrai qu'ils n'ont pas toujours résisté à la tentation.

Il faut bien reconnaître que les Chinois sans exception sont joueurs, mais à un tel point que, lorsqu'ils ont perdu leur fortune, leurs femmes, leurs filles, ces forcenés en arrivent au point de se jouer eux-mêmes. C'est là ce que savent très-bien les agents des maisons d'émigration à Macao. A l'affût des Chinois flâneurs, mais d'apparence robuste, ils les abordent, leur parlent avec douceur, les accablent de politesses, les conduisent aux bateaux de fleurs, dans les maisons où l'on fume l'opium ; puis, s'ils voient qu'il reste encore quelques sapèques à leurs victimes, ces insinuants personnages finissent par les entraîner dans les plus infâmes tripots, où, après quelques coups de cornet, la ruine des naïfs Chinois est rapidement consommée.

C'est lorsque l'infortuné Asiatique a vidé sa bourse et sa tête qu'on fait briller, devant ses yeux à demi éteints par l'opium et la débauche, quatre belles piastres en argent, 20 fr. environ ; c'est en échange de cette faible somme qu'on lui enlèvera une signature qui l'oblige à un embarquement pour le Pérou ou les Antilles espagnoles, deux chaudes contrées, comme on sait, où il devra travailler à la terre pendant six années consécutives, au prix de 4 piastres par mois. Or 4 piastres dans les Amériques ne représentent certainement pas 10 francs de notre monnaie d'Europe.

Lorsque les futurs émigrants apposent leurs noms au bas de l'acte qui les lie d'une façon si dure pour un résultat si minime, on se garde bien de leur dire à quelle distance de l'Empire-Céleste se trouvent les champs de canne à sucre de la Havane et les îles péruviennes couvertes de guano. On leur dit, s'ils en font la demande, que ces deux pays sont très-rapprochés du lieu d'embarquement. C'est à ce mensonge qu'il faut attribuer les grandes tueries de coulies que plusieurs capitaines ont été contraints d'exécuter pour sauver leurs navires et leurs équipages. Si, après quelques jours de route, le bâtiment qui transporte les émigrants est obligé, comme le fut la *Maria-Luz*, de faire

relâche dans un port quelconque; si, par-
dessus les bastingages ou les grilles des sabords
les infortunés émigrants aperçoivent au loin une
île verdoyante de l'Océanie ou une montagne bleue
du continent américain, ils se croient au terme du
voyage et demandent à quitter le navire à tout
prix. Nous avons raconté déjà[1] comment en rade de
Manille quatre cents coulies, qui se croyaient arrivés
à la Havane, s'étant soulevés parce qu'on ne les faisait pas descendre à terre, furent enfermés par l'équipage du *Waverley* dans l'entrepont, où, faute d'air,
ils périrent asphyxiés. Nous pourrions citer vingt
cas semblables et d'autres où le feu a été mis à bord
par les passagers exaspérés, s'il y avait intérêt à
multiplier les récits de ces horribles drames.

Quand le coulie a donné sa signature en présence
d'un petit mandarin auquel il est alloué une gratification légère, on l'habille entièrement à neuf. Le
costume ne vaut pas 5 francs, car il ne se compose
que d'un pantalon écourté jusqu'aux genoux et
d'une veste sans manches en cotonnade bleue. Le
coulie reçoit alors également les 4 piastres qui lui
ont été promises aussitôt que sa signature se trou-

1. J'ai donné le récit de ce drame dans la *Revue des Deux
Mondes* du 15 septembre 1871

vera au bas du contrat. Dès que les racoleurs ont
pu réunir 20 émigrants, ces derniers sont liés les
uns aux autres comme les grains d'un chapelet,
puis dirigés sur Macao, territoire portugais et tout
à fait en dehors de la juridiction chinoise. Là, s'ils
sont débarrassés de leurs liens, on les emprisonne
au plus vite dans ce qu'on appelle des *baracouns*.
Ce sont des voûtes d'anciens palais, des caves immenses dont l'entrée est fermée par une claire-voie
composée de bambous énormes. Quoique simplement couchés sur le sable, les coulies sont bien
nourris et reçoivent journellement la visite d'un
médecin, chinois comme eux. Malheureusement, en
Chine comme en Europe, le temps paraît affreuse-
ment long aux prisonniers, et les coulies désœuvrés
s'ennuient à mourir. On les autorise alors à dépenser
comme bon leur semble les 4 piastres qu'ils ont en
poche, on les pousse même à se distraire par le
jeu, à fumer de l'opium, mais toujours sans sortir
des baracouns. Or 4 piastres durent peu dans les
mains d'individus qui n'ont d'autre préoccupation
que celle de jouer, manger et dormir. Aussi, lorsque
l'heure de l'embarquement définitif est arrivée, si un
coulie voulait rompre son engagement, ce serait le
gousset vide, sans un sapèque pour acheter quelques
grains de riz dans les boutiques de Macao, qu'il se

trouverait dans la rue et livré à lui-même. Les traitants ont compté là-dessus, et on va comprendre pourquoi.

Un chargement varie de 400 à 500 coulies. Lorsque ce chiffre se trouve atteint, que le navire est prêt à prendre la mer, les maisons d'émigration en avisent le gouverneur de Macao. Il y a quelques années, on ne se donnait pas cette peine; mais depuis que M. Gladstone, fortement opposé à ce genre d'exploitation des Chinois, a signalé à l'attention du cabinet de Lisbonne ce qui se passait à Macao, voici ce qui a lieu : aussitôt que le gouverneur de la colonie a été averti, deux commissaires portugais, agents officiels, vont aux prisons et font apposer sur les murailles un avis en langue chinoise dans lequel il est dit que, si quelques coulies ont des raisons à donner contre leur départ, ils aient à se préparer à les faire valoir devant les autorités portugaises. L'affiche reste apposée trois jours, et le quatrième l'interrogatoire personnel des émigrants commence. Ceux qui veulent s'embarquer sont conduits immédiatement au bateau; les mécontents, c'est-à-dire ceux qui prétendent que, leur bonne foi ayant été surprise, il n'y a pas pour eux obligation de remplir leur engagement, sont mis en liberté. Ici se place un incident qui serait comique, s'il ne touchait à ce bien si précieux qu'on appelle la liberté individuelle. Il faut que le coulie qui refuse de partir, — et nous devons croire que son engagement n'a pas été obtenu d'une façon loyale, puisque la loi portugaise ne l'oblige pas à y faire honneur, — il faut, disons-nous, que le coulie récalcitrant remette aux racoleurs les vêtements qu'il a reçus au moment de la signature du contrat en Chine. Or il arrive souvent que l'impossibilité où se trouve le coulie d'acheter une simple loque pour se couvrir le décide à demander d'être conduit à bord. D'autres, les prévoyants, qui ont gardé un peu d'argent pour vivre et un vêtement de rechange, sont contraints de regagner sans retard le territoire chinois et le village d'où ils sont sortis ; mais le petit mandarin devant lequel le contrat a été passé ne les voit jamais revenir d'un bon œil. Les racoleurs reprocheront plus tard à ce fonctionnaire d'avoir accepté une gratification pour son intervention dans un acte dont les conditions n'ont pas été remplies ; c'est enfin une insulte à sa qualité d'officier ministériel. Le Chinois qui est revenu de Macao n'a donc qu'à se bien conduire : s'il commet la faute la plus légère, les coups de bâton sur la plante des pieds pleuvront pour lui au *yamen* ; à tout instant, il sera conduit en prison et soumis à l'affreux régime qui l'y attend ; n'ayant plus ni trêve ni repos, un seul salut lui reste, c'est de quitter son pays, et c'est ce que font neuf coulies sur dix. Désormais sans famille et sans foyer, errant de province en province, le malheureux finit généralement par devenir bandit ou pirate.

Quand commença en Chine ce prétendu commerce d'émigration, les racoleurs ne faisaient aucune attention aux antécédents et à la moralité des hommes qu'ils embauchaient. Il arrivait alors fréquemment que ces derniers, après avoir dépensé les 4 premières piastres, refusaient de partir ; mais, comme ils y étaient contraints par la loi portugaise, les coulies s'en vengeaient en vue des côtes chinoises, soit en allumant un incendie à bord, soit en assassinant le capitaine et l'équipage dans une mutinerie générale. Aujourd'hui les racoleurs savent presque toujours par les petits mandarins à quel genre d'individus ils ont affaire. Si c'est un homme mal famé qui se présente à l'enrôlement, on le repousse avec autant de persistance qu'on en mettrait à l'accueillir, s'il avait de bons antécédents. Qu'on ne croie donc pas que la population émigrante d'aujourd'hui soit ce qu'elle était il y a quelques années. Ce sont en général d'honnêtes artisans, des laboureurs, des ouvriers sans travail, qui acceptent en aveugles, après quelques jours d'ivresse, l'engagement que l'on connaît.

Il en résulte que le capitaine d'un navire marchand qui de nos jours transporte des émigrants chinois a bien moins à craindre qu'autrefois l'explosion d'une révolte à bord. Le pont du bâtiment n'en reste pas moins toujours garni de petits canons qui le balaieraient au besoin, et les matelots européens ont continuellement un revolver à la portée de leurs mains. En quittant Macao, le capitaine est obligé de déposer dans la caisse des autorités portugaises une somme de 1,000 piastres comme garantie du bon traitement et de la bonne nourriture qu'il doit fournir à ses passagers. Si au port du débarquement le consul portugais faisait un compte rendu du voyage défavorable au capitaine, les 1,000 piastres seraient confisquées sans appel ; mais ce cas ne s'est jamais présenté. Le commandant du navire, qui reçoit pour le transport de chaque coulie une somme qui varie de 400 à 500 francs, a naturellement tout intérêt à contenter les armateurs, à ne pas exaspérer les émigrants par de mauvais traitements ou en ne leur donnant qu'une nourriture insuffisante.

Il s'est pourtant présenté des circonstances malheureuses qui ont obligé parfois un capitaine à jeter à la mer toute une cargaison d'Asiatiques. Ce sont évidemment des cas de force majeure, et les éléments seuls sont responsables de tant d'existences sacrifiées. L'exemple le plus affreux de ces terribles nécessités est la catastrophe qui eut lieu, il y a quelques années, aux Paracelses, ces récifs de la mer de Chine si tristement célèbres dans les annales des naufrages. Un maladroit capitaine vint nuitamment s'y briser avec 500 coulies qu'il transportait au Pérou. Comprenant tout de suite qu'il ne lui reste aucune possibilité de sauver sa cargaison, il réunit l'équipage, et lui ordonne de mettre sans bruit les petites embarcations à la mer. Cette opération terminée, le capitaine fait embarquer ses hommes, s'embarque lui-même et abandonne à leur sort les cinq cents Chinois, qui, réveillés en sursaut par les chocs répétés du navire contre les roches, poussaient déjà du fond des entre-ponts où ils étaient couchés des cris d'épouvante. Inutile de dire que le prudent capitaine avait fait clouer solidement par le charpentier les écoutilles. Lorsqu'il n'y a pas grosse mer, les Paracelses offrent en quelques endroits une surface plane, émergeant au-dessus de l'eau de quelques centimètres ; si le vent ne soufflait jamais en tempête, on pourrait y rester sans danger, et y vivre même pendant quelques jours en ne se nourrissant, bien entendu, que de coquillages et de tortues de mer. Les coulies qu'on avait laissés enfermés dans le navire naufragé purent-ils s'en évader, gagner un terrain ferme, et s'y maintenir pendant une série de beaux jours, attendant avec une terrible angoisse un secours providentiel? Nul ne le sait, car pas un des cinq cents infortunés émigrants n'échappa à la mort. Aussitôt que le capitaine fut arrivé sain et sauf avec son équipage à Hong-kong, les autorités anglaises envoyèrent sur le lieu du sinistre le plus rapide bateau à vapeur qu'il y eût en rade ; mais ceux qui le montaient ne virent, en approchant avec précaution des récifs, qu'une portion de mer houleuse et blanche d'écume. Les lames balayaient constamment les Paracelses, et il n'eût été possible à aucun être humain de s'y maintenir. Le bâtiment abandonné avait dû être broyé, et les passagers, en admettant qu'ils eussent pu un instant toucher à terre, durent peu à peu être entraînés en grappes vivantes vers la haute mer.

# II



Au Pérou, pas plus qu'aux Antilles espagnoles,
les gouvernements péruvien et espagnol n'inter-
viennent jamais dans les transactions qui peuvent
se faire entre les maisons d'émigration de Macao
et les maisons qui reçoivent les coulies au Callao
ou à la Havane. Si le gouvernement péruvien a
besoin de travailleurs asiatiques pour l'homicide
exploitation de ses guanos, il loue les coulies
comme le ferait n'importe quel planteur.

Lorsque les émigrants chinois, un peu endoloris
de leur longue traversée, sont débarqués, s'ils sont
tout d'abord enchantés de sentir la terre sous leurs
pieds, le souci de savoir à qui ils vont appartenir

pendant six années consécutives les rappelle bientôt à la triste réalité. Leur location se fait comme autrefois se faisait la vente des noirs. On les examine, on les palpe, on les ausculte. Un courtier beau parleur fait valoir la grosseur des bras, la largeur de la poitrine et des épaules, la rondeur des mollets et la petitesse des pieds. Le sujet en voie d'acquisition doit marcher, courir, trotter, tousser et cracher au commandement des amateurs. S'il est reconnu, après un examen révoltant, bien conformé et parfaitement sain, il est loué, — nous allions dire vendu, — pendant six ans, pour une somme qui varie de 500 à 300 dollars (2,500 francs à 1,500).

Au Pérou, le coulie est employé à la culture de la terre, de la canne à sucre, des vignes, à bêcher le guano et à le tasser sur les navires marchands qui le transporteront en Europe, où il fécondera nos terres épuisées. La mortalité chez ceux qui travaillent presque nus et sous un soleil ardent à l'extraction du précieux engrais est effrayante, quoique la nostalgie en fasse mourir encore plus que la poussière délétère au milieu de laquelle ils travaillent. A Lima, et ceux-là sont les moins infortunés, on fait des marmitons des Chinois; quelques-uns même deviennent d'excellents cuisiniers.

Libres après six années d'un service peu pénible, ces rares privilégiés de l'émigration amassent un petit avoir qui leur permet de retourner en Chine, — le grand but, — pour y vivre à l'aise et indépendants.

A la Havane, le Chinois est envoyé tout de suite par son acquéreur dans l'intérieur de l'île, soit aux plantations de tabac, soit à celles de la canne à sucre. Il y est bien moins heureux que dans la république péruvienne, car le climat éprouve rudement le nouvel arrivant, le soleil a pour lui des rayons mortels, et l'orgueilleux Espagnol des Antilles ne le considère et ne le traite que comme un animal de renfort destiné à suppléer à la mollesse et à l'indolence de ses esclaves noirs. Ainsi que ces chevaux de louage que l'on prend pour ménager un attelage de prix, on loue les coulies pour faire rendre à leurs forces tout ce qu'elles peuvent donner. Tant pis s'ils meurent épuisés après la sixième année de leur engagement; leur mort ne sera jamais une perte comme d'un esclave, et les maisons de Macao renverront à la Havane d'autres Chinois jeunes et vigoureux, qui rempliront les vides avec un nouvel avantage.

Dans une correspondance publiée sur l'esclavage à Cuba et à Porto-Rico, se trouve un rapport intéressant du consul général Crawfort, qui donne une statistique de l'émigration des coulies chinois à Cuba.

Depuis 1847 on n'a pas embarqué en Chine moins de 138,156 coulies pour cette île. Sur ce nombre, 16,346 sont morts pendant la traversée, ce qui donne 121,810 coulies arrivés à destination. La moyenne des morts, pendant cette période, est donc de 11,83.

Si l'on considère les nations sous le pavillon desquelles ce commerce s'est fait, le chiffre le plus bas de morts revient à la Belgique, qui figure pour 1.42 0/0; aussitôt après vient San-Salvador, avec 4.33; la Russie, avec 6.9; puis l'Autriche, avec 7.7. Ces quatre nations, cependant, n'ont pris qu'une minime part à ce trafic. Sur le chiffre total de 342 navires, elles n'en ont que 22.

Parmi les nations qui font le plus grand commerce de coulies chinois, ce sont les États-Unis qui comptent le moins de morts, 9.8 0/0 pour 34 navires; l'Espagne vient ensuite avec 78 navires et 10.43 0/0 de morts. Pour toutes ces nations, la mortalité est au-dessous de la moyenne générale donnée plus haut, 11.83 0/0.

Un peu au-dessus s'élève le chiffre des morts pour la Hollande: 19 navires et 12.9 0/0; la

France, dont le commerce est le plus actif, compte 104 navires avec une mortalité de 12.31 0/0.

Jusqu'ici il est difficile de se plaindre. Mais quand on voit l'Angleterre, avec 35 navires, avoir une mortalité de 16.31 0/0, il est permis de se demander avec inquiétude si toutes les précautions nécessaires à la conservation de la vie humaine sont observées. Il est vrai que d'autres nations ont sur leurs navires chargés de coulies une proportion de mortalité de beaucoup supérieure. Ainsi la Norvége figure pour 19.13 0/0, le Chili pour 19.76, le Pérou pour 23.38, le Danemark enfin pour le chiffre inquiétant de 38 0/0.

Mais comme ces quatre puissances ne comptent entre elles toutes que 16 navires, le total des morts n'est pas aussi grand que sur les bâtiments anglais. Par exemple, le Danemark, avec cette terrible proportion de 38 morts 0/0, semble être bien criminel ; mais en examinant les chiffres de plus près, on trouve que cette nation n'a eu engagé dans ce commerce qu'un seul navire à bord duquel 179 coulies moururent sur 291 embarqués. Comme ce chiffre lamentable peut être le résultat d'un malheur inévitable, il ne serait pas loyal de blâmer trop sévèrement le Danemark.

Qu'on se garde bien de comparer le sort d'un

nègre esclave, relativement heureux, à celui des engagés de Macao. Il n'y a pas de comparaison à établir, et on a vu quelquefois le pauvre noir prendre en pitié le sort de son jaune compagnon de labeur. La condition des Asiatiques est bien au-dessous de celle des Africains, nous ne saurions trop le mettre en évidence, par la simple raison que, ni l'un ni l'autre ne pouvant disposer à leur gré de leurs bras, il y a tout avantage pour le Havanais à faire travailler outre mesure le coulie, et à ménager un esclave qui représente, tant qu'il vivra, une valeur de 3,000 à 4,000 francs. Enfin les 4 piastres que le Chinois reçoit en payement de son travail peuvent à peine suffire à ses besoins, tandis que l'esclave est bien nourri, bien soigné, et amusé parfois, quand la nostalgie menace d'étendre un voile de tristesse sur son esprit naturellement impressionnable et enfantin.

On a vu beaucoup de nègres se racheter, quitter la Havane et aller jouer un rôle quelquefois important en Amérique ; les coulies, au contraire, malgré leur sobriété fabuleuse, sont fatalement amenés à contracter des dettes. Les planteurs, bien loin de leur refuser des avances, s'empressent de leur offrir tout ce qu'ils désirent. S'ils acceptent, les Chinois sont perdus. Désormais ce n'est plus un contrat de six ans qui les liera à un maître avide, c'est un contrat pour la vie. Malheureusement pour les planteurs, l'Asiatique aime encore plus son pays que la liberté. Si, à bout de patience, après des prodiges d'épargnes et de privations, il s'aperçoit qu'il ne parviendra jamais à se libérer, il se tue froidement. Il croit en la doctrine consolante de Bouddha, et meurt persuadé que son âme va retourner au pays natal, pour y revivre, heureuse et dégagée de liens odieux, sous une nouvelle forme.

On va peut-être dire que, comme don Quichotte, nous nous sommes mis en campagne pour combattre des moulins à vent. Pourquoi parler d'esclavage au XIXᵉ siècle? Sous quelle latitude, sur quelle mer signale-t-on des négriers? S'il y a, il est vrai, de nombreux esclaves aux Antilles espagnoles et dans l'Amérique méridionale, c'est évidemment parce que ces misérables sont indignes de la liberté; comment supposer que jusqu'à ce jour ils n'aient pu se racheter par un travail persévérant? En principe, l'esclavage est aboli partout, s'il ne l'est pas de fait, et cela doit suffire aux philanthropes les plus exigeants. L'Espagne vient de le supprimer radicalement à Porto-Rico; la Havane aura bientôt son tour, les autres pays suivront. — A cela, nous avons le véritable regret de répondre que, de nos

jours encore l'Angleterre entretient dans les parages
autrefois infestés par la traite une flotte formidable, et que, si les Anglais se condamnent à soutenir les charges d'un pareil armement, c'est parce
qu'ils sont persuadés que, du jour où leurs navires
cesseront de faire la police des côtes suspectes, la
traite des noirs recommencera comme par le passé.
Il n'y a pas bien longtemps que la France elle-même
avait à la côte d'Afrique une station navale avec
une pareille mission de surveillance; si nous l'avons
supprimée, c'est que nos finances n'en permettaient
plus le maintien.

Il y a au Brésil 1 million d'esclaves, et à
Cuba 269,000, d'après un recensement officiel de
cette année. A Zanzibar, le trafic des Africains se
fait sur une si grande échelle qu'en ce moment même
l'Angleterre et la France s'unissent pour le réprimer. A ce propos, le docteur Livingstone écrivait
dernièrement à la Société géographique de Londres
que tous les ans de riches marchands banyans et
hindous pénètrent jusqu'au centre de l'Afrique centrale, et qu'ils y poussent certaines tribus belliqueuses à se faire la guerre. Les luttes terminées,
les marchands achètent les vaincus, puis les conduisent pédestrement et enchaînés jusqu'au littoral
pour y être vendus. Avant d'arriver à Bagamoyo

ou à Zanzibar, leur port d'embarquement, beaucoup de prisonniers succombent aux fatigues du voyage, et le célèbre voyageur affirme qu'il en meurt ainsi 10,000 annuellement. Ceux qui ont survécu sont expédiés comme esclaves pour les ports de l'Arabie ou de la Perse. C'est encore à Bagamoyo qu'on amène, pour être livrées à un acquéreur quelconque, les noires beautés de l'Ouhigou, de l'Onguido, de l'Ougogo, de la Terre-de-la-Lune et du pays des Gallas.

Le « général » Kirkham, ambassadeur du roi d'Abyssinie près la cour d'Angleterre, vient également de publier à Londres des renseignements curieux sur le commerce des esclaves dans le centre de l'Afrique. Il n'évalue pas à moins de 80,000 ou 90,000 le nombre des jeunes Africains qui, enlevés à leur pays natal, sont vendus dans les bazars d'Aatra et de Turquie. Ce sont pour la plupart des enfants de l'âge de sept à huit ans, les plus âgés ne dépassant jamais celui de dix-sept. Si les marchands les préfèrent jeunes, c'est que, lorsqu'ils sont plus vieux, les esclaves sont indociles et se refusent à certaines complaisances inqualifiables. Presque tous ces infortunés proviennent du centre des continents africains et de la région du Nil-Blanc. Assemblés à Kassala, ils sont conduits au bazar de

Metemmeh, d'où les acheteurs les amènent ensuite à Djeddah. Une jeune Africaine de couleur bronzée, d'un extérieur agréable, se vend encore 140 dollars, un jeune garçon en vaut 100; les Shankaltres et les Gallas sont recherchés des traitants en raison de la grande beauté de leur forme et de la supériorité de leur intelligence; mais les femmes sont toujours vendues plus chèrement que les hommes, les premières étant très-demandées dans les harems. Le général Kirkham affirme que, quoique les lois d'Abyssinie soient très-sévères pour les individus qui se livrent à l'odieux trafic, la traite s'y fait continuellement. Tout Éthiopien chrétien ou musulman surpris en flagrant délit de vente d'enfant est pendu sans appel à l'arbre le plus proche. En dépit de ce rigoureux châtiment, à chaque instant, de pareils marchés se renouvellent. La race nubienne fournit aussi son contingent à l'esclavage: on fait peu de cas des hommes, mais les jeunes filles, très-appréciées comme servantes, trouvent des acquéreurs nombreux. Dans l'archipel des îles Soulou, de pauvres Indiens appartenant aux provinces espagnoles de l'archipel des Philippines sont constamment enlevés à leurs villages par des pirates mahométans, et placés pour la vie sous le joug de la plus despotique servitude. Une jeune femme espagnole, belle à ravir, enlevée il y a quelques années par ces misérables couverts de lèpre, mourut dans leurs mains de désespoir. On trouve aussi des esclaves aux îles du Cap-Vert, où l'on fit devant moi une vente aux enchères; il y en a au Mozambique et au Brésil; la mort seule brisera les liens qui les lient à leurs maîtres. Il y a des esclaves à Bornéo, dans un grand nombre d'îles océaniennes, dans le royaume de Siam et dans cette partie de l'Annam qui n'est pas encore française. Pour en finir, rappelons qu'un des griefs des Hollandais contre les Atchinois est fondé sur ce fait que ces derniers trafiquent des femmes malaises jusque dans les Indes néerlandaises. Cette plaie de l'esclavage est, on le voit, bien loin d'être fermée, et si ce qui a lieu à Macao n'est pas la traite telle qu'elle fut combattue par la France et l'Angleterre, c'est assurément un trafic sans moralité et une condamnable exploitation.

Il reste donc établi que, chassés de Hong-kong par les Anglais, mal vus par les Chinois, repoussés par les Japonais, les marchands de coulies ont pu trouver dans une colonie européenne d'Asie non-seulement de vastes prisons pour y tenir enfermés des émigrants, mais encore un permis d'exploitation. Que dans ces sinistres contrats on laisse intervenir

des agents portugais revêtus d'un caractère officiel,
c'est là un fait vraiment regrettable; quelle triste
opinion doivent avoir les Asiatiques de notre civilisation! La cour de Lisbonne peut répondre à ces
reproches, comme elle a répondu aux observations
que le premier ministre d'Angleterre lui avait adressées à ce sujet, que ses agents ont mission de sau-
vegarder la liberté du coulie et d'empêcher qu'il
ne soit embarqué contre son gré. A notre avis, il
eût été préférable de ne pas autoriser l'installation
de pareils établissements à Macao; on n'aurait pas
dû permettre qu'un marchand d'hommes eût le
droit d'y tenir enfermés dans d'infects baracouns
des centaines de malheureux circonvenus par d'infâmes artifices. En effet, qu'on n'oublie pas comment
les Asiatiques sont enrôlés, à quelles conditions
dérisoires ils donnent si facilement leur liberté
pour travailler pendant six ans sous le soleil des
îles Galapagos, — les îles Chinchas sont épuisées, — et à la Havane, au pays du *vomito*. Qu'on
se souvienne de l'accueil que reçoivent les coulies
de leurs mandarins lorsque, refusant de s'embarquer, ces infortunés reviennent dans leurs districts
à peu près nus et à coup sûr affamés; — qu'on
songe enfin à la facilité avec laquelle les planteurs
de la Havane fournissent aux Asiatiques tout ce

qui doit les endetter et par conséquent prolonger la durée de leur servitude. Lorsqu'un homme imprévoyant ou poussé aux dernières extrémités par la misère et la faim a mis au bas d'un contrat une signature qui permet une exploitation outrée de ses forces sans compensation rémunératrice équivalente à son travail, cet homme est fondé à ne pas faire honneur à sa signature. La loi ne reconnaît pas la validité des contrats dits léonins en jurisprudence. Le gouverneur de Macao, qui autorise le Chinois détenu dans les baracouns à ne pas s'embarquer, proclame que l'engagement n'est pas fait dans les conditions exigées par la moralité et la justice.

Il serait temps que le gouvernement portugais, renonçant au faible bénéfice qu'il perçoit sur le trafic des coulies, supprimât enfin les baracouns, pour ne plus tolérer qu'une émigration libre protégée par des contrats sincères et équitables. Le contrat adopté par les agences anglaises peut être cité comme un modèle pour les dispositions libérales qu'il renferme, car il laisse aux Chinois la faculté de résilier leur engagement à la fin de la première année, et même à toute autre période de leurs cinq ans, moyennant des remboursements qui ne sont pas hors de leur portée. En ajoutant à ces clauses une

stipulation relative au retour, il serait facile de
concilier le recrutement des ouvriers chinois avec
les lois de l'humanité, et on les mettrait à même
de tirer un juste profit de leur dur labeur. La patiente industrie, l'intelligence et la sobriété dont
ils font preuve leur permettent généralement d'arriver vite à l'aisance dans les pays où ils sont
admis comme travailleurs libres, et bien que, par
suite d'un préjugé hostile, ils soient mal vus
dans la plupart des colonies anglo-saxonnes, ils
rendent tous les jours des services très-appréciables. C'est ainsi que l'introduction des coulies chinois a éminemment contribué à ranimer la culture
du coton dans les États du Sud, quand les nègres
affranchis refusaient en masse de travailler. L'ensemble des Chinois dispersés sur divers points du
globe dépasse aujourd'hui 1 million et peut-être
2 millions; c'est une bien faible fraction de la population de la mère patrie, qui semble comprise entre
500 et 600 millions, et l'on conçoit qu'une telle
fourmilière puisse encore alimenter une émigration
pour ainsi dire indéfinie. Il s'agit seulement de diriger ce courant, de le surveiller, afin de l'empêcher
de devenir dangereux; les races blanches trouveront alors dans la race jaune, si supérieure aux nègres, d'utiles et modestes auxiliaires, et ces Auver-

gnats de l'extrême Orient rapporteront dans leur pays, avec la fortune qu'ils auront gagnée, des idées de civilisation qui germeront et porteront des fruits. Ce n'est pas sans raison qu'on a dit que les Chinois sont destinés à servir de trait d'union entre les civilisations si diverses qui se trouvent en présence dans les parages du Pacifique, et qu'ils aideront puissamment à régénérer ce monde vieilli, que la nature semble en vain tenter par l'offre de ses plus riches trésors.

Deux mois après la publication de cette étude dans la *Revue*, le gouvernement de Lisbonne télégraphiait à Macao la défense d'y continuer l'émigration des coulies.

# TABLE




1778.75. — BOULOGNE (SEINE). — IMPRIMERIE JULES BOYER.